PROVERBES KONGO
(RDC)

Annee 2020

DÉDICACE

A mon regretté Père Révérend Pasteur MAKINU PULULU Alphonse,

A ma regrétté Mère MASEWO MANGOSOLO Marthe ;
A mon regrétté frère MBONGO ZI NTOTO Emmanuel ;
A mon regrété frère, Docteur NSEKA KIFUANI Vincent ;
A ma regrétté Sœur KITOMBA Anne ;
A mon regrétté frère MBIYAVANGA MATEKELE,
A mon regretté fils NSEKA KIYANGA qui ne pourra pas feuilleter ce livre ainsi que s'abreuver à cette source intarissable de sa terre natale pour avoir ét prématurément emporté par le destin.
Cette dédicace est le seul hommage que je puisse vous rendre.

REMERCIEMENTS

Mes remerciements vont particulièrement à Monsieur le Président de l'Assemblée Provinciale du Kongo Central, Docteur Pierre Anathol MATUSILA MALUNGENI NEKONGO.

A l'Honorable Député National Simon Floribert MBASHI MBATSHA

A l'Honorable MAKAMO MBELA, A Monsieur Jean MBOMA NDONGO Directeur à la Banque Centrale,

A Monsieur FUANI MALANDA SASI pour avoir consacré des journées entières avec moi à la collecte et au commentaire de nos proverbes.

A Madame Dr. INA DISENGOMOKA KUNTWALA trouvera également ici l'expression de ma gratitude pour avoir accepté de prendre gracieusement en charge l'impression de cet ouvrage. Que le Dieu de nos ancêtres soit avec lui accorde ses bénédictions et ses grâces sans limite.

A mes enfants : Berdant NSEKA MAKINU, Carly NSEKA NGUNZA, Jephthé NSEKA MAKINU, Patricia NSEKA MASEWU, Palmur NSEKA NZIMBU, Perece NSEKA MAYITUKA, Marthe NSEKA MASEWU, Abraham NSEKA KINSALAMBA, Pierre NSEKA, Julie NSEKA NSANGU, Sophonie NSEKA, pour vos encouragements qui m'ont fait progresser dans ce travail. Q ue cette œuvre vous sert d'exemple et soit pour vous une motivation de la réussite dans la vie.

Ensuite je dis un grand merci à Monsieur Georges LUYEYE NSUKA pour sa précieuse collaboration qui a facilité l'élaboration de ce travail.

Enfin, je ne puis oublier celles ou ceux qui m'ont encouragés vivement à publier ce recueil.

PRÉFACE

Monsieur ***NSEKA -MAKINU –NTIMA-ZOBA-MBUNDU KAWILA MFUMU ANIKO « KUELUKALA KIKUANGA BA GUNA NLELE, BA KONGO LUDILA MUNGANGU, KUMFINDA NTAMBI ZI NGO ZINA KOKO, KANI KUYIDIDI KIA KU KIA. SALA BI SALA, OINT DE DIEU HOMME MIS A PART »*** est né le 15 Juillet 1953 à KUNDI dans le Territoire de Madimba, Secteur de ***MFUMA KIBAMBI*** dans la Province du Kongo Central.

Il est chercheur indépendant, notable Kongo et représentant du Territoire de Madimba dans la cellule de la cohésion provinciale. Il est aussi président National de l'Association des Bakongo (ASSBAK) et membre cofondateur de l'Université Kongo (UK) en sigle.

Comme auteur, le notable ***NSEKA MAKINU*** à son actif trois ouvrages notamment l'indomptable Simon Kimbangu et ses origines ; Kasa-Vubu, Père de la nation congolaise ainsi que les vertus d'un peuple. A présent, il publie un recueil de proverbes, tel un nouveau fruit de ses recherches, cette fois cueilli à l'arbre de la littérature orale.

A travers ce livre, l'auteur vient d'interpeller les jeunes surtout ceux habitant les villes et qui pensent et soutiennent que le langage proverbial est ennuyeux et démodé ; il est propre aux vieilles personnes. Ces jeunes aliénés refusent même de parler leur langue maternelle.

L'aire géographique dans laquelle le Kintandu est toujours la langue maternelle vivante est encore assez vaste-les proverbes n'y ont rien perdu ni de leur actualité, ni de leur pertinence pour preuve le fait qu'il y a toujours moyen d'en recueillir. Aussi, le milieu rural n'est-il pas un terrain fertile, un milieu privilégié pour des nombreux étudiants et chercheurs qui viennent y puiser la matière d'un travail de fin d'études, d'un mémoire de licence ou d'une thèse de doctorat ?

Apparemment loquace, le mukongo demeure secret, réservé. C'est pour cela qu'il se retranche derrière les proverbes notamment dans les débat judiciaire, matrimonial, funéraire. L'auteur définit les proverbes « ***Bingana*** » comme de courtes sentences populaires et moralisatrices exprimées dans un langage imagé et métaphorique. Les proverbes traduisent le mieux la morale

Kongo. Son usage reste l'apanage du sage. Pour les Bakongo, le sage est un
« *Mbuta* », un adulte, un ancien, dépositaire de la sagesse ancestrale, un homme
qui connaît beaucoup de proverbes, qui les emploie judicieusement et qui se
montre habile à interpréter les proverbes d'autrui.

Après ce coup d'œil sur la définition du proverbe et son importance,
l'auteur donne le double rôle que jouent les proverbes dans la vie coutumière :
un rôle didactique et un rôle juridique. En effet, les proverbes occupent une
place de choix dans l'éducation des jeunes. Instruis l'enfant par des proverbes
disent les Bakongo. Les proverbes forment l'homme. Aussi les palabres sont
résolues au moyen des proverbes juridiques. A travers les proverbes surtout
juridiques, on apprend les lois, les us et coutumes du pays.

Quant à l'interprétation possible des proverbes, l'auteur évoque la
multiplicité d'interprétations possibles des proverbes. Il note que chaque
proverbe possède une signification fondamentale, applicable à des situations
diverses. C'est pour ainsi dire qu'il y a souvent un rapprochement entre un
contexte actuel et un proverbe préexistant. Le sens des proverbes peut varier
selon les situations.

En ce qui concerne l'origine des proverbes, l'auteur précise que le
proverbe fait partie d'une langue propre à un groupe social donné et
n'appartenant à aucun propriétaire connu. C'est un bien commun qui appartient
et s'impose à tous. Ils remontent à une haute antiquité. Les ancêtres sont censés
être à l'origine des proverbes. En réalité, une personne anonyme se cache
derrière chaque proverbe. La majorité des « Bingana » proviennent d'une
expérience empirique. D'autres proviennent d'événements anecdotiques.

Parlant de l'âge des proverbes, l'auteur soutient qu'il est difficile de
dater un proverbe même approximativement. Son âge remonte loin dans
l'histoire mais c'est une situation ou un contexte actuel qui l'actualise, l'évoque
le fait revivre.

Dans la deuxième partie, l'auteur a collecté, classé et présenté plus
de 1169 proverbes les plus usités chez les Bakongo orientaux. Tous ces
proverbes ont été classés selon un triple répertoire. Le premier groupe par ordre
alphabétique. Chaque proverbe est suivi d'une traduction littérale et d'une
application fondamentale. Le deuxième répertoire les   classe par ordre
idéologique ou systématique. Le dernier reproduit un index des principaux
substantifs, pour faciliter la recherche éventuelle d'un proverbe particulier. Le
fait d'avoir réussi à mettre dans un même style de formulation proverbes,

devinettes et chants a un effet unifiant. Pas mal de proverbes dérivent de chants judiciaires ou des fables ; d'autres encore sont employés comme devinettes madi pense. Si les devinettes ont comme finalité agrémenté, le soir, les assemblées de jeunes, les proverbes sont plutôt un genre littéraire pratiqué par les adultes et les notables.

Le nombre des proverbes présentés dans ce recueil est à notre humble avis, relativement moins important que la valeur de leur témoignage, les thèmes abordés, les symboles exprimés ainsi que l'objectif poursuivi par l'auteur : celui de montrer à tous les Bakongo orientaux qu'il existe un parler proverbial qui est une seconde langue à apprendre.

Nous concluons en adressant au notable *NSEKA MAKINU* des paroles d'encouragement, d'estime et de sympathie.

Bonne lecture !

Georges LUYEYE NSUKA
Coordonnateur des écoles KUNTUALA

TABLE DES MATIÈRES

DÉDICACE   2

REMERCIEMENTS   3

PRÉFACE   4

TABLE DES MATIÈRES   7

PREMIERE PARTIE : ETUDE DES PROVERBES   8

    1.   **Remarques préliminaires.**   8

    2.   **Importance des proverbes.**   9

    3.   **Rôle des proverbes.**   9

    4.   **Interprétation des proverbes.**   11

    5.   **Origine des proverbes.**   12

    6. Âge des proverbes.   14

    7. Structure des proverbes.   14

    8. Notice sur l'orthographe.   15

DEUXIEME PARTIE: REPERTOIRE ALPHABETIQUE   16

BIBLIOGRAPHIE..123

PREMIERE PARTIE : ETUDE DES PROVERBES

1. Remarques préliminaire.

Les proverbes recueillis dans le présent volume proviennent des Bakongo orientaux.

Ceux-ci habitent la région qui s'étend entre les rivières Nzádi Máláu (Nzádi Nkisi, estropié en Inkisi) et Nsele dans le Kongo Central. Leur idiome régional est le kintandu, le haut kikongo.

Les Bakongo désignent leur littérature sententielle par le vocable bingána. Ngána ou kingána. Le plus ancien dictionnaire kikongo, rédigé vers 1647 à Mbansa Kongo, donne au mot ngána une signification très étendue. II traduit par : exemple, adage, proverbe, dicton, axiome, parabole. Sa ngana signifie : donner en exemple, expliqué par un exemple ; kia ngana signifie : parabolique.

Cette appellation générique pourrait être divisée en deux catégories distinctes : les proverbes proprement dits (bingána) et les dictions (bigógólo ou ngógólo). Mais en pratique ces deux modes d'expression se distinguent à peine.

2. Importance des proverbes.

La littérature sententielle occupe une place de choix dans la culture bantoue. Elle constitue également la partie la plus typique de la tradition orale Kongo. Ces courtes sentences populaires et moralisatrices, exprimées dans un langage imagé et métaphorique, expriment le mieux l'expérience séculaire des ancêtres.

L'emploi des proverbes reste l'apanage du sage. Aux yeux des Bakongo, le sage est un mbúta, un adulte, un ancien, qui a transmis la vie clanique (:-bûta, engendrer, donner la vie), qui est rompu à toutes les affaires du clan. L'expression yuná mbutá zêye binganá ye 'nkûnga, „ cet ancien connait les proverbes et les chants" , signifie : cet homme connait à fond les us et coutumes du pays, on peut lui confier les palabres

Par contre le jeune, le 'nlêke, dont l'expérience reste à faire, comprend difficilement i mwäna ndwëlo ! Bambutá ku batângila ngängu kikálá kwámő kő ko, „ petit enfant que je suis ! Là où les vieux ont rassemblé leur intelligence, je n'étais pas présent"

Un homme qui connait beaucoup de proverbes, qui les emploie judicieusement, qui se montre habile à interpréter les proverbes d'autrui, jouit d'une grande estime dans la société autochtone. Prononcer un proverbe équivaut à évoquer la sagesse des ancêtres ; et les ancêtres représentent la plus haute autorité morale après Dieu

D'autre part, les proverbes traduisent le mieux la morale kongo ; une morale naturelle, qui exprime les exigences essentielles de l'âme humaine dans un langage direct et vital. Pour pénétrer l'âme africaine, la sagesse africaine, une étude approfondie s'avère indispensable en ce domaine.

3. Rôle des proverbes.

Les proverbes jouent un double rôle dans la vie coutumière : un rôle didactique et un rôle juridique. Les Bakongo disent encore de nos jours : Mwãná longilá mu binganá, „ Instruis l'enfant par des proverbes". C'est dire en même temps la place importante qu'ils occupent dans l'éducation des jeunes.

Citons quelques exemples. Un jeune homme manque d'égards envers ses parents et se comporte comme leur semblable. Son entourage lui cite le proverbe suivant : Makutú káni (ma) kúdidi ka málútä ñtú ko, „ Bien que les oreilles poussent, elles ne dépassent jamais la tête".

Le jeune Nsiala se chamaille à différentes reprises avec sa sœur Cadette. Son père, à bout de patience, lui administre une raclée. Celle-ci, en bonne éducatrice, de lui répondre : Másá má tĩyá kwáni ka máyŏkã ńlédi ko, „ L'eau bouillante ne brûle pas le pagne"

En d'autres termes : une bonne punition ne peut faire mal. Intuitivement, le petit Nsiala a compris la portée exacte de la maxime. De cette façon, il acquiert une sagesse pratique qui reste profondément ancrée dans sa mémoire.

Un enfant éduqué dans la culture coutumière n'aura pas bien de peine à saisir la valeur du langage métaphorique, puisqu'il l'entend constamment parler autour de lui par les grandes personnes S'il ne comprend pas d'emblée le sens réel d'un proverbe, il pourra demander des explications à son yâya, à son frère aîné, à sa sœur aînée, ou à sa mère-des personnes dans lesquelles il met toute sa confiance. Devenu grands, il ira trouver un vieux du village pour apprendre des proverbes ancestraux. A la fin de la leçon, le Tâta demandera souvent un présent, par exemple, **nkálú máláfu ye** makâsu, „une calebasse de vin de palme et des noix de cola. Chaque service appelle un service, ou disons mieux, une réponse. Ce geste gracieux reste une expression de la politesse kongo.

La valeur didactique des proverbes (**bingána**) se résume fort bien en ces lignes qu'un instituteur de Kipaku fit transcrire par ses élèves : Binganá bisisa bambutá bitómisãnga mūntu ; vó usadilãnga bio bûna sá usãnsúka nsãnsuká imbote, ka ngé kukóti mú kigōnsa,,, Les proverbes laissés par les anciens forment l'homme ; en les observant ils vous donneront une éducation excellente et vous éviterez le mal''.

Ensuite, les proverbes jouent un rôle juridique

Depuis des temps immémoriaux, les palabres sont résolues au moyen de proverbes juridiques, bingáná bi mfúlú mãmbu, et de chants judiciaires, ňkűngá mãmbu Selon DAPPER, géographe et historien hollandais du XVIIè siècle, des représentants de toutes les régions du royaume kongo demeuraient auprès de la cour royale, la lūmbu, à Mbansa Kongo Une centaine de balêke, fils des principaux notables du pays y étaient initiés aux coutumes de la cour et aux procédures judiciaires, qui se faisaient oralement.

Beaucoup de proverbes judiciaires qui sont encore d'usage de nos jours remontent à cette époque lointaine, et l'uniformité relative de la procédure autochtone semble dénoter une origine commune. Voici à titre d'exemple, un proverbe connu : Ntōtila muná kōngo uédisa yu uwâni, unûngisa yu úngani, ,, A la capitale kongo, le roi condamne son sujet et acquitte l'étranger''. C'est dire que le roi prononce un jugement équitable, sans acception de personnes.

On commence le procès public par une chanson. Celle-ci est reprise par l'assemblée. L'accusateur et le défenseur plaident leur cause en se lançant alternativement des proverbes à la tête ou en mimant des chansons qui sont en réalité des adages strophiques. Si Na Mandiangu s'est injustement approprié une terre du clan de Na Mayenga, ce dernier lui intentera un procès devant la cour de palabres et commencera son accusation par la chanson suivante.

E mvúnzi yâya é !	E mvunzi mon cher !
Mvunzi útūnga zãlá	L'oiselet mvunzi a construit son nid
Yú útïtilãnga kiōsi	Le voilà qui tremble de froid
E mvúnzi yâya é !, etc.	E mvunzi mon cher !, etc.

Si l'accusateur lance un proverbe qui réduit la partie adverse, il gagnera le procès et toute sa parenté se mettra à exprimer sa joie d'une manière fort bruyante.

Cette littérature sentencielle charrie des thèmes séculaires, comme nous l'avons pu constater à différentes reprises. Elle donne aux nombreux spectateurs qui viennent assister aux débats une éducation sociale dont on saurait difficilement sous-estimer la portée. C'est là entres que s'apprennent les nsikú mi nsi, les coutumes du pays.

4. Interprétation des proverbes.

Pas mal de proverbes sont compris intuitivement, par suite des circonstances dans lesquelles ils sont prononcés. Néanmoins, la plupart des proverbes requièrent des explications. IIs'agit de dégager le sens métaphorique du sens littéral. L'on dit : Kõnsó kingána muswáma mãmbu, ,, Chaque proverbe cache un sens". Celui qui décoche des proverbes à tort et à travers devient l'objet de la risée publique. C'est pourquoi l'on répète : Tá ngána, bãngula ngána, Bãnguninga úfwa ye ńtete nganá, ,, Dis un proverbe explique le proverbe, car Banguninga (nom fictif pour un accusé) est mort avec un panier de proverbes". Cet adage est souvent cité par les juges, les banzōnzi, pour inviter la partie lésée à bien appliquer ses arguments de défense.

Chaque proverbe possède une signification fondamentale, applicable à des situations diverses. De ce fait. Il devient une arme soûle et dangereuse dans la bouche d'un homme intelligent et habile. Si l'on dit : Ngolo zi ngându ku mása, ,, La force du crocodile est dans l'eau", la signification fondamentale est celle-ci : chacun se sent fort sur son propre terrain. Mais les applications sont multiples : ,, Vous êtes habile dans votre métier, mais pas dans le métier d'autrui" - ,, Vous avez du crédit dans votre village, mais pas dans le village voisin" – Vous pouvez conseiller votre parenté, mais n'imposez pas votre point de vue ailleurs "…

5. Origine des proverbes.

Les ancêtres couvrent de leur autorité la totalité des traditions coutumières. Ils sont censés être à l'origine de la littérature sentencielle. Les Bakongo disent : Bingáná bisïsa bambutá, ,, Ce sont les proverbes que les ancêtres nous ont laissés" ; Bingáná báta bambutá, ,, Ce sont les proverbes que les anciens ont employés ". En réalité, une personne anonyme se cache derrière chaque proverbe ; une personne qui a su exprimer une expérience humaine dans une formule originale. La faculté fabulatrice " de la communauté a repris la trouvaille et l'a véhiculée à travers les villages de l'intérieur. Un nouveau dicton qui frappe l'imagination a de bonnes chances de survivre longtemps à son auteur.

La majorité des proverbes proviennent d'une expérience empirique ; ils s'expriment par des images empruntées au cadre naturel de la vie africaine. Exemple : Mboma ndōngó ku fwá kisiwu, futumuká mvúlá ntete, ,, Le python meurt pendant la saison sèche et ressuscite lors des premières pluies" Le python fait peau neuve aux mois de juin et de juillet, le kisiwu, la période la plus froide de l'année ; il reprend ses chasses en brousse à la fin d'octobre, lorsqu'arrivent les premières averses. Le proverbe est applicable à une vieille palabre qui recommence après bien des années.

Pas mal de proverbes forment la conclusion morale d'une fable. L'on dit : Mufińkēnda bambutú batŭkisa kinganá, ,, C'est d'une historiette que les anciens déduisent un proverbe". Exemple : kalabonga uyénda ntinu kayé-wáná zándú ko ; lungwéni úyénda malēmbé uyé-wána zãndú, ,, Le lézard qui marche vite n'atteignit pas le marché ; le caméléon qui marcha lentement arriva au marché". La fable du lézard et du caméléon ressemble fort bien à celle du lièvre et de la tortue. La leçon reste la même : ,, Rien ne sert de courir, il faut partir à point".

L'expérience du monde invisible se reflète également dans certains proverbes, car la vie du Noir, qui vit dans la brousse, est peuplée par une légion d'êtres invisibles, qui tissent autour de son destin un réseau d'influences mystérieuses. Exemple : Gó mwēni tebó, kãtá ! Gó kukèti-ko, ndïngá ifwĭdi, ,, Si tu perçois un revenant, crie fort ! Si tu ne cries pas, tu perdras la voix". Les matebo sont les spectres des morts qui ont mal vécu. Ils sont exclus du village souterrain des ancêtres et rôdent pendant la nuit autour des villages. On cite le proverbe à un membre clanique qui éprouve des difficultés, sans vouloir recourir aux bons services des siens.

D'autres proverbes proviennent d'évènements anecdotiques. Exemple : Nsōngo nswĕka udiá Yá-Máyënga, ,, Une maladie secrète a fait périr Monsieur Mayenga, au Nord-est de Kisantu, au début de ce siècle. Son cas était connu dans tout le Kongo Central. La signification du dicton ressemble à celle du proverbe précédent : ne cachez pas vos misères à vos proches parents.

Certains proverbes évoquent le passé historique ; de ce fait, ils représentent un intérêt particulier. Le principe juridique : Ntōtila muná kōngo ubédisa yu uwani, unûngisa yu úngani (cf. supra), fait allusion à une époque où l'autorité royale rayonnait à travers toutes les provinces du pays.

Enfin, il est curieux de constater comment les genres littéraires s'entrecroisent dans le style oral kongo. Pas mal de proverbes dérivent de chants judiciaires ou de fables, comme il a été dit plus haut ; d'autres encore sont employés comme devinettes madiênse – ou inversement. Exemple : kapiãngu túbidi ndãngú, vútúkisi muna mbángu – Ndábu, ,, kapiangu jette le pan de son pagne de danse dans l'air et rejoint la rangée-des cils.

Cette devinette compare les cils à une double rangée de danseurs, évoluant sous la conduite d'un maître de danse. A un moment donné, celui-ci fait signe à chaque danseur pour qu'il se détache du groupe. Le danseur fait quelques pas en avant, lance une jambe dans l'air et rejoint la rangée kapiãngu túbidi ndãngú, útúkisi munambãngu est également employé comme proverbe. Il signifie qu'un menteur s'efface lorsqu'il voit surgir une personne qui peut le prendre au mot.

6. Age des proverbes.

Il est toujours fort difficile de dater un proverbe, même approximativement. Certaines réminiscences historiques ou certaines caractéristiques linguistiques peuvent fournir un critère interne pour juger de leur ancienneté. Exemple : Ndónzwãu, mompá tutá, mánkulu ka tuyámbúlá ko, mampá ka tuyámbúlá ko, ,, Monssieur Jean, nous faisons de nouvelles choses, nous n'oublions pas les anciennes, nous n'oublions pas les nouvelles". Cette sentence juridique met les chefs en garde contre des innovations importunes. Ndónzwãu est un nom de parade dérivé du portugais : Dom Joâo. Deux rois de Kongo ont porté ce nom : jean I, Nzinga-a-Nkuwu, mort en 1507, qui fut le premier monarque baptisé, et Jean II, Ne-Nsuki a-Nkuwu, mort en 1507, Un interlocuteur âgé nous assura que le proverbe fait allusion à Jean I, qui est d'ailleurs le plus connu.

A côté du critère interne, il existe un critère externe fort intéressant, mais dont l'étude demanderait des investigations minutieuses : les délimitations de l'aire d'expansion des proverbes. Des proverbes connus chez des peuplades différentes ont beaucoup de chance de remonter à une haute antiquité. Exemple : Nzãmbi úlãmba lukú, tōngo bètó bãntu ; ,, Dieu prépare le pain de manioc ; c'est nous autres humain, l'assaisonnement. Cette expression évoque la toute-puissance de Dieu dans les événements de notre vie. Elle n'est pas connue des seuls Bakongo. Les Basongo et du Kwilu la répètent dans leur dialecte : Nzem a Mpung alem bwa, matong a Nzem bant. Et les Bambala disent : Nzambi Pungu ukalamba katu, matongo hâtu.

7. Structure des proverbes.

La plupart des proverbes kongo sont composés d'un distique. Exemple. :

Mwãná úgőnda dīsu di tâta.,, L'enfant a crevé l'œil du père"

Tãtá kaléndi göndá dïsú di,, Le père ne peut pas crever l'œil de l'enfant" Mwăná ko.

Dans la pratique, l'on se contente souvent de citer le premier terme, car à bon entendeur demi-mot suffit. Exemple : Nsafu ngáni ga nzó áku est une brachylogie courante pour : Nsafu ngáni ukála ga nzó áku ; gó ga nzó ngani, nsīngú inda, ,, Un safoutier amer est près de ta maison ; s'il est près de la maison d'autrui, on tend le cou pour demander. Ce proverbe, aux applications diverses, signifie que l'on critique aisément chez autrui ce que l'on n'a pas soi-même.

Les exemples précédents montrent que la littérature séntentielle s'exprime en une locution stéréotypée qui pousse ses racines très loin dans le passé. Sa transmission orale est grandement facilitée par des procédés mnémotechniques, que l'on retrouve chez les autres peuplades du globe : des parallélismes, des allitérations, des assonances. A joutons-y l'accent tonique ou musical qui est distinctif en kikongo. Exemple. :

Ba bámbote ba bákwĕlănga.   ,, Les bons s'en vont toujours
Ba bámbi ba básălănga...., Les mauvais restent toujours".

Il va de soi que tous les proverbes ne présentent pas la même structure cadencée et harmonieuse. Beaucoup pourtant font honneur à une langue, dont tous les observateurs étrangers quelque peu qualifiés ont admiré le relief, la souplesse rythmique et la richesse d'expression.

Les proverbes furent classés selon un triple répertoire. Le premier groupe par ordre alphabétique. Chaque proverbe est suivi d'une traduction littérale et d'une application fondamentale ; plus d'une fois, cette application a été complétée ou même parfois remplacée par un proverbe ou dicton français équivalent ou analogue (entre guillemets) Notons qu'un proverbe déterminé peut subir de légères modifications dans la structure grammaticale, voire dans le vocabulaire, puisqu'il est toujours inséré dans le contexte concret du langage parlé. Le deuxième répertoire les classe par ordre idéologique ou systématique. Le dernier reproduit un index des principaux substantifs, pour faciliter la recherche éventuelle d'un proverbe particulier.

Cette liste n'a nullement la rétention d'être exhaustive. Mais elle contient un grand nombre des sentences les plus usitées chez les Bakongo orientaux. Notre seul souci a été de mettre à la dispensation de toutes les richesses de la tradition orale kongo, malgré les lacunes et les imperfections que contient nécessairement une œuvre pareille.

8. Notice sur l'orthographe.

Comme les distinctions de quantité (ou de durée) doivent être indiquées (voyelle brève dans, p. Exemple. , - sala, faire, travailler, à distinguer de la voyelle longue dans –sala, rester, ou nkusu, perroquet, à distinguer de Nkusu, huée), ainsi que les tons (p. ex, ton haut dans –Bela, avoir tort, perdre un procès, ton bas dans –Bela blâmer, ton haut double dans –Bela, être malade) , on s'est efforcé de noter tout ce qui est distinctif avec le moins de signes possible. Du même coup, grâce à l'indication des tons, la distinction est nette entre nasale simple (aussi nommée ,, nasale douce" ; c'est la nasale du préfixe nominal de la classe nzo, du préfixe verbal et de l'infixe objet de la première personne du singulier) et nasale syllabique (aussi appelée ,, nasale fort ou dure" ; c'est la nasale du préfixe nominal de la classe Nkonto et de la classe nti, et celle de l'objet infixe de la troisième personne du singulier)

Les signes diacritiques adoptés sont présentés ici dans des mots qui permettront d'identifier les distinctions de ton et de quantité :

1.1.	Nkusu, perroquet	1.2.	nkűsu, huée
	ńkusu, un rat		ńkűsu, enclos
2.1.	–sála, faire	2.2.	–sála, rester
	-béla, perdre		-béla être malade
1.1.	–bela, blâmer		badîdi, ils ont mangé

3.Badîdi, ils viennent de manger

4.1. Tukóta,   entrons

4.2. Badĭdi,   ils ont mangé (hier)

	Voyelle brève nasale syllabique	
1. Ton bas	1. a ń	2. ã
2. Ton haut	1. á ń	2. ã (ton haut double)
3. Ton haut au début		â (ton descendant)
4. Ton haut vers la fin	1. ă (ton montant bref)	2. ã (ton montant long)

DEUXIEME PARTIE: REPERTOIRE ALPHABETIQUE

1. **Aná úfútá ńtu mwãná, keti mwáná áku?**
   Si tu masses la tête de l'enfant, est-ce ton enfant?
   Ne considérez pas comme vôtre le bien qu'on vous a confié.

2. **A mŏyá müntu, ukálánga nkēmbó !**
   Homme vivant, tu es en allégresse !
   L'homme intègre est joyeux.

3. **Ba bádiá nzoōnzi, bési-kimáyë ;**
   Abu ndé : wűngú ńkókó Ná Mpangu.
   Ceux qui mangent les petits poissons nzônzi sont les gens de kimayēnga ;
   mais vous dites : la rivière wûngu appartient aux gens de Mpāngu.
   N'essayez pas d'excuser un larcin. ,, Qui s'excuse s'accuse.″

4. **Ba bámbákila mbisi binónia.**
   Le paresseux, proie des fourmis.
   Le paresseux est un parasite.

5. **Ba bámbote ba bákwánga,**
   Ba bámbi ba bázĭká kodi.
   Les bons s'en vont, les mauvais enterrent l'escargot.

„ Mauvaise herbe croît toujours."

6. **Ba bamóna nsoní ba bábélanga.**

Les honteux ont toujours tort.

„ Il n'y a que les honteux qui perdent. „ Qui se fait brebis, le loup le mange."

7. **Bá difwa, kisāmbú lumotóngo.**

Le palmier a péri, le régime du palmier est fade.

„ Tel père, tel fils " „ Le fruit ne tombe jamais loin de l'arbre.

8. **Ba di nsënde nkwá-ngó úmánta diâu.**

Le palmier épineux, l'homme fort y monte.

Se dit d'un homme qui excelle dans un travail communautaire.

9. **Baka nkĕnda, tēlá mbēfo.**

Entends l'histoire, raconte-la au malade.

Transmettez fidèlement un message reçu.

10. **Ba kú nseki, ndala ku mfinda.**

Le palmier dans la brousse, les branches du palmier dans la forêt.

La faim fait dépérir, mais la nourriture restaure les forces.

11. **Bakĕntó bánáta nkalú ye mafundá má nkenda.**

Les femmes sont porteuses de calebasses et d'un paquet de racontars.

Les femmes ruinent le village par leurs propos inconsidérés.

12. **Bakĕnto, malŏngá mátúma :**

Ka makwenda kú mbilú ko.

Les femmes sont des assiettes en terre cuite : elles ne vont pas dans la fosse tombale.

Les femmes doivent être respectées.

13. **Bakĕnto mazuzi má nzilá zāndu ;**

Variante : mazuzi má nzilá zi bibidi bi mádioko ;

Variante : mazuzi má nzilá mása ;

Variante : mazuzi má nzilá biânu.

Les femmes sont juges sur le chemin du marché ;

Variante : sont juges sur le chemin (de la cuisine) où l'on bout le manioc ;

Variante : sont juges sur le chemin conduisant à l'eau ;

Variante : sont juges sur le chemin conduisant aux séchoirs.

Les femmes sont de bons juges dans les affaires privées mais pas dans les affaires publiques. „ La poule ne doit pas chanter devant le coq."

14. **Bakubáka mu kōkó, ugulúka ;**

Bakubáka mu nwá, kigônsa !

(Si) on te rend par le bras, tu peux te sauver ;

(Si) on te pend par la bouche, c'est dangereux !

Les fautes de la langue sont impardonnables ; soyez prudents dans vos paroles.

15. **Bakúlu bádia mbá, batábula nkāmfi.**

Les ancêtres ont mangé des noix de palme, ils ont rejeté les débris.

Les ancêtres nous ont appris à distinguer entre le bien et le mal (cf.19).

16. **Bakusidi săla : ya-landi Mbalá zikútoma.**

On t'a dit de rester chez toi ; (tu réponds :) je vais suivre Monsieur Beauté.

Une fille volage ne doit pas se plaindre de ses mésaventures. , Dommage rend sage."

17. **Baleké bá ntú minzēnze :**

Ka bátwambá ko.

Les jeunes sont des têtes de grillons : ils n'ont jamais assez de sauce.

L'éducation des jeunes n'est jamais achevée.

18. **Bălu umvwé, kunsőmpi ko (cf. 1165).**

Aie un casse-pied, ne l'emprunte pas.

Mieux vaut supporter un casse-pied que de tomber sous ses mains.

19. **Bambutá bátēta ntu ngêmbo, bámona biyedi.**

Les anciens qui cassent la tête de la chauve-souris, voient ce qu'il y a dedans.

Consultez des hommes expérimentés.

20. **Bambutá bámómi makutu mâu nkélo.**

Les anciens qui restent bouche bée ont les oreilles ouvertes.

Les vieux sont toutes oreilles, malgré leur apparence distraite.

21. **Bambuta ka bábwa ko, kănsi sietumúka.**

Les anciens n'ont pas l'habitude de tomber, ils ne font que glisser.

Les vieux ont assez d'expérience pour éviter de grandes fautes.

22. **Bāna bá nkōmbo bamáta ganima ngudi nkōmbo.**

Les petites chèvres montent sur le dos de la mère

Chez soi on est à l'aise.

23.Bāndá mwāná mpala ; ngudi mpala, gó katukidi-ko, nzōnza ka-miléndisúka-ko.

Frappe l'enfant de la co-épouse ; si la mère ne sort pas, les querelles seront sans fin.

24.Bankwá-ngúba kimēngá nkátu ;

Bankwa-kimēnga ngubá nkátu.

Les possesseurs d'arachides n'ont pas de poêle à frire ;

Les possesseurs de poêle à frire n'ont pas d'arachides.

Aucun homme n'a tous les biens du monde.

25.Bankwá-ńsānga malaká nkátu ;

Bankwa-málaka nsāngá nkátu.

Les possesseurs de colliers de perles n'ont pas de cous ;

Les possesseurs de cous n'ont pas de colliers de perles.

Cf. 25.

26.Bāntu mufwá, bāntu mubutuka.

Les hommes meurent, les hommes naissent.

La vie continue sans cesse.

27.Bāntu ka bátádila(ngá) mú ńtú ko.

L'on ne regarde jamais la tête des hommes.

,, L'homme ne se mesure pas à l'aune.″

28.Baséna bitoto bi minse, bafinángéne yé zāndu.

Ils sont (comme) les déchets de la canne à sucre, ils se trouvent près du marché.

Se dit de personnes, qui ont un pied dans la tombe.″ ,, Leur vie ne tient qu'à un fil.″

29.Batŭla bu batudidi yâya, ntú keti kumósi mina ?

Tu veux qu'on te coiffe comme on a coiffé ton frère, mais as-tu la même tête ?

Ne singez pas les autres.

30.Bébá-béba, kiūlá kináta bansusú.

Va-et-vient, le crapaud porté par les poules.

Peine perdue !

31.Běla ka kútúyámbúla ko ;

Fwila ka kútúyámbúla ko.

La maladie ne nous lâche jamais ;

32.Bu bēndé mbwá, má ména mu nwá mbwa widi mo   é ?

Maintenant que tu as frappé le chien, as-tu entendu ce qu'il y a dans la gueule du chien

Ne condamnez personne avant d'avoir entendu sa défense.

33. Bëngi bádïdidïngi ga lönga si batádïla ga lukayá ;

Bëngi bávwǒngélëngi ga nkuwu si batávwǒnga ga ntotó.

Beaucoup de gens qui avaient l'habitude de manger dans une assiette mangeront

Dans une feuille ; beaucoup de gens qui avaient l'habitude de s'asseoir dans un siège   seront sur le sol.

Beaucoup de premiers seront derniers, et les derniers seront premiers" Marc 10,30)

34. Bënó ba ngúka, midiá miyáluka.

Vous êtes comme les chenilles qui mangent et s'en vont.

On ne peut jamais oublier les liens de parenté.

35. Bēnó lu ba bintundibilá, ka lúkǒka lúkáyá ko.

Vous êtes comme les plantes ntúndibila, vous ne laissez tomber aucune feuille.

Se dit aux avares qui refusent de prêter. ,, Vous tondrez un œuf." ,, Qui prie le vilain se fatigue en vain."

36. Bēnó lúbaka yēnga, ntótó wúna kulǒndi lúsósanga.

Après s'être installé près d'un ravin, vous cherchez de la terre pour le remplir.

A près une faute on cherche du secours chez sa parenté.

37. Bēnó lu balūnga ntéki, banzekilá minsingá lúsósila mämbu.

Vous êtes (comme) des feuilles piquantes du ntéki, à ceux qui arrachent des lianes vous faites mal.

On porte les conséquences fâcheuses du mal commis par les autres.

38. Benó lúkitúka nsudi, si bētó solokóto é ?

Vous êtes comme l'oiselet nsúdi, et nous, sommes-nous comme l'oiseau solokoto ?

Ne pas se laissez tromper par un malin. ,, A malin, malin et demi"

39. Bēnó lúnéti mvūmbi ntïnú lúkwênda ;

Monó ndéti nsansalá kiandu yú-isala é ?

Vous, porteurs du cadavre, vous accélérez les pas ;

Moi qui porte la natte, dois-je rester en arrière ?

A celui qui accuse avec violence l'on répond avec violence : on lui rend la monnaie de sa pièce.

40. Bëtó ka tuyéndá nséki ko, mbīngu ntúndulu.

Chaque fois que nous allons en brousse, nous ne rapportons que desfruits ntúndulu. Donc n'allons plus, nous n'avons quand même pas de chance Eviter de revenir bredouille.

41. Bëtó-kulu mbömbö zivîtama ku ntotó.

Nous avons tous le nez tourné vers le sol.

Tout homme est mortel.

42. Bëtó tu banti bátimbulula ngöngolo.

Nous sommes des bâtonnets qu'on (emploie pour) rejeter les mille-pattes.

Nous ne valons rien, personne ne veut de nous. On nous traite comme des objets sans valeur.

43 Bêto tu magekwa, ganima ngé ngulu tuna ;

Mênga tunwa mo nitu mu-matuka.

Nous sommes (comme) des mouches tsé-tsé sur le dos du cochon :

Nous suçons le sang de votre corps, là où il s'écoule.

Profiter des biens d'autrui.

44. Bikédi mu nkutu bintatikidi : kőkó sïdi mo.

Tu dis : ce qui est dans le sac m'a piqué ; c'est que tu y as mis la main.

„ Qui s'excuse s'accuse."

45. Bindùkú bi ngêmbo bigámbénéne mu bisisi bi tiya.

Les amitiés de la roussette sont rompues à cause des tisons.

Les querelles tuent l'amitié.

46. Bió bikwãngá tusá mfumfú mpa.

A ce manioc, ajoutons de la nouvelle farine.

Ne revenons plus sur cette affaire !

47. Bisálá mvwãmá bamputu banwãnina.

Les biens du richard, les pauvres se les disputent.

Les pauvres profitent des biens laissés par les riches.

48. Bisálá tóko ndūmbá ị nkútá ándi.

Les biens du jeune homme servent à acquérir la jeune fille qui est sa provision.

Le jeune homme doit préparer sa dot.

49. Bi tudiá bi tutwala nkutá ;

Ma tugóga má túkánánga.

Ce que nous mangeons nous est apporté par la provision ;

Ce que nous disons nous vient de nos intentions.

D'un bon cœur sortent de bonnes paroles ; d'un mauvais cœur sortent de mauvaises-paroles

Paroles ,, De l'abondance du cœur la bouche parle."

50. Bisalu biöle ka bisálákänä ko.

On n'exécute pas deux travaux à la fois.

,, Qui trop embrasse mal étreint."

51. Bŏle mbúta, bukaká nsŏngo.

A deux on est fort, seul on est une femme en mal d'enfant.

,, L'union fait la force."

52. Bónga lau, kabilá ka-láu-ko.

Prendre est une chance, donner n'est pas une chance.

Il n'est pas intéressant d'être bienfaiteur.

53. Bönsó bùbwa (bwau), diönsó dibwaka digóki.

Quoi qu'il arrive, chaque fruit de liane qui est mûr reste tel quel.

,, Fais ce que dois, advienne que pourra."

54. Bu bákidi nsēngó mpa, kinkúbá kugéti-ko.

Maintenant que tu as pris une nouvelle houe, ne jette pas l'ancienne.

Ne tournez pas le dos à vos anciens bienfaiteurs.

La mort ne nous lâche jamais.

La vie est pleine de misères. ,, Il faut prendre son mal comme il vient."

55. Bu dîdi nkeká, matūmbu náni dîdi mo ?

Si tu as mangé les feuilles du nkéka, qui donc a mangé les fruits du nkéka ?

Un aveu partiel équivaut à un aveu total.

56. Budié-búdie ka búkúdiá ko ;

Bunwé-búnwe ka búkúnwá ko.

Manger n'importe quoi (cela) ne se mange pas ;

Boire n'importe quoi (cela) ne se boit pas.

Discerner le bien du mal

57 .Budiōngó úganga mbasi ;

Mbasi ibótele, nde : Budiōngó ka-yandi-ko !

Budiongo a aménagé la place publique ;

La place publique est prospère, l'on dit : ce n'est pas Budiongo qui l'a aménagée !

Les bienfaiteurs et les chefs de file éprouvent peu de reconnaissance.

58.Bulú batima, kiāndu bayála.

La fosse est creusée, la natte est étendue.

Le sort en est jeté.

Personne n'échappe à la mort. „ Le plus riche n'emporte qu'un drap en mourant,   comme le plus pauvre."

59.Bumbāngu bubwîngi mviá

Trop de perfection gâte (les affaires).

, Le mieux est l'ennemi du bien."

60. Buna ugônda ngūmbi yé tadi, ngá sá wélengi ye-ntété mimátadi ?

Si tu tues une perdrix avec une pierre, est-ce que tu vas t'en aller avec une corbeille de pierres ?

Les chances ne se renouvellent pas tous les jours. „ Il faut battre le fer pendant qu'il est chaud."

61.Buná ntëdí yo, mbisi ;

Buná ngógélé dio, diămbu.

Puisque je l'ai tué, c'est du gibier ;

Puisque je l'ai dit, c'est une affaire.

Ne pas parler pour rien.

62.Búná úkwēla nkĕnto, kwēla māmbu.

En épousant une femme, tu épouses des palabres.

Le bonheur parfait n'est pas de ce monde.

63.Bu ngina ye mbúkú-mbúkú bikwănga, nzala ka kúndiá ko.

Maintenant que j'ai une provision de manioc, la faim ne me dévorera pas.

Maintenant que j'ai pris femme, le clan survivra.

64.Bungúdi bukúlōmba mēsō nsóni.

Le respect maternel que l'on demande donne la honte aux yeux.

Exiger un respect au-dessus de sa dignité est honteux.

66.Bungudi bu lóngo, yi búngúdi bwéto ;

Bungudi bu kănda, manzalá gá laka.

La parenté fraternelle, voilà notre (véritable) parenté ;

La parenté des cousins te met les griffes au cou.

La parenté fraternelle est la plus authentique.

67.Bungudi bungúdi, kudiá nzīmbu ko ;

Nzīmbu nzīmbu, kudiá búngúdi ko ;

Les parents restent des parents ; ne dissipe pas l'argent.

L'argent reste de l'argent ; ne fait pas cesser la parenté.

Le juge doit être impartial et incorruptible.

68.Bunkatú búkúndálála,

Bunkatú búzóbálála.

Un travailleur négligent ne persévère jamais.

Le capricieux est inconstant.

70.Butá mwaná-ńkënto kakutőmbóla ;

Kubútí mwáná-ńkënto ko mukuvwāmina.

Engendre une fille pour qu'elle fasse revivre ton nom ;

N'engendre pas de fille pour t'enrichir.

On n'engendre pas d'enfants pour son bien personnel ; mais pour le bien de la société.

71.Bu ufûnda mpōngo, kúsósá báńkwá-mvú ko ;

Bu ufûnda nkanú, ibősi úsósa bankwá-mvu.

Quand tu accuses l'esprit mpōngo, tu ne cherches pas des hommes âgés ;

Quand tu fais un procès, tu cherches des hommes âgés.

On ne demande pas conseil pour faire le mal.

72.Bu tukwëndănga, kivumu keti yufwéle ?

Quand nous nous en allons, est-ce que nous interrrogeons le ventre ?

On ne voyage pas sans provisions.

73.Bu ubélá ntāú, bu ubélá lúsīnga.

Quand tu blâmes le ressort du piège, tu blâmes la corde.

,, Tel père, tel fils.″

74.Bu ugóga mu nzilá, ku mfuta mŭntu ;

Bu ugóga mu mfuta, ku nzilá mŭntu.

Quand tu parles sur le chemin, il y a un homme dans la brousse ;

Quand tu parles dans la brousse, il y a un homme sur le chemin.

,, Les murs ont des oreilles.″

75.Bu ukwăma kudiá, mukudiá mu úfwîla.

Quand tu continues à manger, la nourriture te fera mourir.

L'excès nous perd. ,, L'excès en tout est un défaut.″ l'excès nuit.

76.Bu ukwënda ku kānda, ku kitātá ku fúsi ńtótó ko.

Quand tu vas au clan maternel, ne jette pas de la terre au clan paternel.

Evitez l'ingratitude envers des bienfaiteurs.

77.Bú úkwëndä, u mbulú yé nsóngéni kuna sáfi.

Quand tu t'en vas, tu es un chacal avec des fourmis rouges sur la queue.

Le coupable n'est pas tranquille. ,, Le crime ne paie pas."

78.Bu úkúkíla kingānga, ngá mabĕlá keti masúkidi ?

Si tu trompes les devins, est-ce que les maladies cesseront ?

,, Il faut ménager celui dont on aura encore besoin."

79.Bu wúna ndé kani kufwá ko, ntulú ikini yáku ganá laka.

Aussi longtemps que tu n'es pas encore décédé, le rhume te reste dans la gorge.

Les misères ne cessent qu'à la mort.

80.Bu uswĕkíla nzau mbēlé, a yá mbisi nání údiá yo ?

Maintenant que tu caches le couteau pour l'éléphant, qui va manger la viande ?

Sans effort on n'a pas de quoi manger. ,, Les mains noires font manger le pain blanc." ,, Il faut semer pour récolter."

81.Bu utá ma máńkwēno, ma māku ná ukutêla ?

Maintenant que tu parles des affaires du prochain, qui te parlera de tes affaires à toi ?

Médecin, guéris-toi toi-même."

82.Bu uzénga kilá, bu úzéngúnúna kikúfi.

Quand tu coupes, c'est trop long ; quand tu recoupes, c'est trop court.

On ne peut pas se résoudre à entreprendre une chose qui est au dessus de nos forces ou qui est en dessous de nos forces.

83.Bu uyitúka diāmba, nsīmpá keti nání úgāna ?

Tu es étonné qu'on boive du chanvre, la calebasse (à humer) qui donc l'a donnée ?

Celui qui cause un abus ne peut le critiquer.

84.Bu uzítísa ngudí mbwa, zitisá mpi mwāná (cf.176).

Quand tu respectes la chienne-mère, respecte aussi son petit.

Si vous respectez le propriétaire, respectez sa propriété. ,, Qui aime son chien aime jusqu'à ses puces."

85.Bwīmi bu ngúba ga mfokólo.

Etre avare avec les arachides, (elles sont) dans la pochette du pagne.

Exprimer par une attitude négative le refus de donner. ,, Qui rit le vilain se fatigue en vain."

86.Bwīmí kakádí nzíkí-nziki.

L'avarice est indifférente.

Un avare évite les hommes qui pourraient lui demander quelque chose. „
Qui prie le vilain se fatigue en vain."

87.Bwīmí ka-nkísí-ko.

L'avarice n'est pas une maladie.

L'avarice est impitoyable.

88.Diá bikulú, bigá bisăla (cf.94).

Mange ce qui a fini de se développer, ce qui commence à se développer doit rester.

„ Ne coupez pas l'arbre pour avoir le fruit."

89.Diá bingólo, futá bingólo.

Prends les choses de force, restitue les choses de force.

Un méfait commis avec violence doit être réprimé avec violence. „ Aux grands maux les grands remèdes."

90.Diá-diá nana, diāmbu mbúta.

Manger ce n'est rien, l'affaire prime.

Exécutez un ordre donné.

91.Diâki ka disïsá nkangá ko ngūmbi kaléndi tĕta ko.

L'œuf qui n'est pas laissé par la caille, la perdrix ne peut pas la faire éclore.

Ce qui ne vient pas de vos ancêtres ne vous revient pas en héritage.

92.Diá kimina, umina māmbu.

Mange en te reposant, pour avaler le palabre.

La réflexion est nécessaire pour sortir d'une palabre.

93.Diá ukutika, nzala lumvútu.

Mange et fais des provisions, la faim revient sans cesse.

Pensez au lendemain. „ l'Abondance de biens ne nuit pas."

94.Diá mākí mőle, kú sina (cf.88).

Mange deux œufs, laisse au mois la pondeuse.

L'envoûtement des jeunes filles entraîne la ruine du clan. Comparez : „ Ne tuez pas la poule aux œufs d'or."

95.Diá mbokó, sŭmbú mútandúka.

Reçois l'argent pour acheter le silence, nous sommes d'accord sur le prix.

Le corrupteur et l'homme vénal sont également blâmables. „ Les receleurs sont les voleurs."

96.Diāmbu ditêle kinwe-maláfu ku mbūndú dítŭkídi (cf. 286).

Les propos de l'ivrogne sortent de son cœur.

Un ivrogne qui sort un secret l'a prémédité dans son cœur. „

97.Diá ngabu, futá kintóka.

Tu as mangé la moitié, tu paieras le pain de manioc entier.

Celui qui a endommagé une partie de l'objet, doit dédommager tout l'objet.

„ Payer les pots cassés." „ Qui casse les verres doit les payer."

98.Diá nkayí, nítú múkútoma.

Peut manger de l'antilope , celui le supporte sans inconvénient.

Ne vous exposez pas inutilement au danger. „ Qui aime le péril y périra."

99. Diá nsŭka, makaní nkōkila.

Qui veut manger le matin, doit l'avoir prévu le soir.

Pensez au lendemain. „ Comme on fait son lit on se couche."

100. Dia nsóki ; gó mandĕngúla, bú túná kwéto.

A moins que tu ne me fasses du tort ; si ce n'est que des regards malveillants, nous resterons ce que nous sommes.

Cette affaire me laisse indifférent.

101. Diá nzó yé nzo ;

 Nwá nzó yé nzo.

Manger de maison en maison ; boire de maison en maison.

Partager la nourriture.

102. Diăta kititá kifunumúka, ka-kitólúká-ko.

Marche sur la branche du kititila, qu'elle plie mais ne se casse pas.

Souhaiter bonne chance à quelqu'un qui part en voyage.

103. Diá ye nkĕnto,

Diá yé nkádí-mpēmba.

Manger avec une femme c'est manger avec le démon.

Méfiez-vous des sentiments de votre femme.

104. Dīla kú ńwa, lukila kú ńwa.

Manger avec la bouche, vomir avec la bouche.

De la bouche sortent de bonnes et de mauvaises paroles.

105. Dīsú bu kání ká dítóbóko, bu bálŭkiladio.

Aussi longtemps que l'œil n'est pas encore crevé, on y fait attention.

, Mieux vaut prévenir que guérir."

106. Dïsú dí ńgedi.

L'œil attentif du cueilleur.

Soyez attentif sur le chemin.

107. Dīsú kunsí lúkaya.

L'œil derrière la feuille.

Amitié hypocrite.

108. Dió sōmbó ba díkaka, būndí ba díkaka é ?

La bonne noix de palme sômbo vient-elle d'un autre palmier, la mauvaise noix de palme bûndi vient-elle d'un autre palmier ?

Dans chaque clan on trouve des bons et des méchants. „ Chaque famille a ses peines".

109. Diŏko dikótele nsoniá.

Le manioc est envahi par l'herbe.

Le ver est dans le fruit.

110. E búngúdí bwámo, kudié lőngó lwámó ko ;

E lŏngó lwámo, kudié búngú di bwámó ko.

Eh toi, relation clanique, ne détruis pas mon mariage ;

Eh toi, mon mariage ne détruit pas ma relation clanique.

La parenté clanique et la parenté par alliance doivent s'entendre.

111. E kinséngo kukĕmbí ko, yīndulá ndé ku seki útūka.

Eh toi, oiseau cardinal, ne t'exalte pas, sache que tu viens de l'oiseau seki.

Ne méprisez pas votre modeste origine. „ Vilain enrichi ne connaît ni parent ni ami."

, Honneurs changent mœurs."

112. E mátaku, bu úzőnza ye ntóto ; ngá kúsósá diäkánda ko é ?

Séant, tu cherches palabre avec la terre ; où est-ce que tu vas te rasseoir ?

Ne vous disputez pas avec ceux dont vous dépendez corps et âme.

, Il faut louer celui dont nous mangeons le pain."

113. E mbāmbi, é mbāmbi, fwá kwákú kú mákúdîdi.

Eh iguane, eh iguane, c'est ton obstination qui t'a tuée !

Qui s'obstine, se perd. „ Au bout du fossé la culbute."

114. E monó i mwāna ndwĕlo, bambutá ku batângila ngāngu kikálá kwámó kó ko (cf. 605).

Eh moi, je suis un petit enfant, là où les anciens ont rassemblé l'intelligence, je n'étais pas présent.

On ne comprend pas la sagesse ancestrale sans initiation.

115. E ngwá, ntúmbú-ńsónia yiná yama !

Hélas, une pointe de l'herbe nsónia me pique !

, Petite cause, grands effets.", Qui s'y frotte s'y pique."

116. E nza, kukĕmbi ko ! Mbāngala ka-zisúkidi-ko.

Eh toi, nature, ne t'exalte pas, la sécheresse n'est pas finie.

Ne criez pas trop vite victoire.

117. Fūndá nkanú yé mbuta,

Kufŭndí ńkánú yé ńlëki ko.

Prends pour avocat un homme plus expérimenté que toi ;

Ne prends pas pour avocat un homme moins expérimenté que toi.

Dans une palabre consultez un homme expérimenté.

118. Fūnsuká mukutāmbúla kīmá.

N'aie pas peur de te salir pour obtenir une chose.

Sachez attendre et vous humilier pour obtenir une chose désirée. , Les mains noires font manger le pain blanc.″

119. Futá ngūngu, ulĕka.

Paie l'amende, pour que tu dormes bien.

Qui s'acquitte de ses obligations évite bien des difficultés.

120. Fwá dí ngêmbo lumpukini úyïngä diâu.L'héritage de la roussette ngembo revient à la chauve- souris lumpúkini.

L'héritage légitime revient aux seuls membres claniques.

121. Fwa kú nkalu, batakána sábi.

La calebasse est hors d'usage, le bouchon est trop serré.

Femme stérile est inutile.

122. Fwá mfwīdi, bola kú ítīna é ?

Je suis mort, dois-je éviter de pourrir ?

, Quand le vin est tiré, il faut le boire.″

123. Ga básïvūvu, ga bálĕkíla nzala.

Où il y a espoir, on dort à jeun.

Il faut tout endurer pour obtenir un objet désiré. ,, Rien sans peine.″ ,, Qui ne risque rien n'a rien.″

124. Ga fwïdí mfumu, ga yïngídí mfumu.

Où un chef décède, là un chef lui succède.

, Le roi mort, vive le roi !″

125..Ga gátílá mpingi, ku lúkolo.

L'endroit où la souris mpíngi cherche sa nourriture est très loin.

, Rien sans peine.″, Agoupil endormi rien ne vient dans la gueule.″

126. Ga kákála ko nkulú, kuléndí gó tŭngá ko.

Là où ton ancêtre n'habite pas, tu ne peux pas construire.

On peut uniquement construire sur le sol du clan ancestral.

127. Ga kwĕndä ludimí, miängú míná gâna.

Là où va la langue, il y a des malheurs.

, Pas de fumée sans feu."

128. Ga kizá káni gakéle mbisi zi másá zímákútu, kănsi biūláyé nkōwo ka bíléndi kőndá ko.

Au lieu d'éco page, même s'il y a des poissons intéressants, les crapauds et ne manquent jamais.

, Il n'y a pas de roses sans épines."

129. Ganá búta mwāná, mbūndu mwāná kuléndí bútá yó ko.

Tu peux engendrer l'enfant, le cœur de l'enfant tu ne peux l'engendrer.

On n'est pas responsable du caractère de son enfant.

130. Ganá diá vŭnda, gó kuvūndídi ko nwäyi bátuma nkuni ye mása.

En mangeant repose-toi ; si tu ne te repose pas, tu es un esclave auquel on commande du bois de chauffage et de l'eau.

Un homme libre fait tout posément.

131. Ganá fwá nzála, kuyíbí ko ;

Ganá kásákána, kulókí ko.

Si tu as faim, ne vole pas ; si tu es courroucé, ne maudis pas.

132. Gáná gákŭmbänga, gá ínwänga.

A l'endroit où l'eau tombe en chute, je vais boire.

, Qui ne risque rien, n'a rien." Rien sans peine."

133. Gana kőndá mpáta, mu nzílá úfwïla.

Sans couteau, tu mourras sur le chemin.

Prenez vos précautions contre le danger.

134. Gáná gálëkä masá, ngolá ígâna kálëkä (cf. 792).

Là où l'eau est calme, le silure se repose.

, Plus fait douceur que violence."

135. Ganá seyáńkwēno, ngé mpi sá bakuséya.

Si tu te moques du prochain, on se moquera également de toi.

On vous mesurera avec la mesure dont vous mesurez (Matthieu 7,2)

Rira bien qui rira le dernier.

136. Ganá síká ngóma kukŭndúlá ńtú ko, binsiki-ngoma babëngí béna.

Quand tu joues le tambour de danse ne fais pas la tête. Les joueurs de tambour sont nombreux.

137. Gana tudīla lūnsú, gá túsísila nkutu ngăngu.

A l'endroit où nous avons mangé des fourmis ailées, nous avons laissé le sachet de la sagesse.

L'acquisition des biens immédiats fait perdre de vue les valeurs supérieures. , Il ne voit pas plus loin que le bout de son nez."

138. Gana úzóla biweté, nitú tá nkabú ku mangundu-ngŭndu.

Si tu veux de bonnes choses, expose ton corps aux gouttes de la pluie.

, Qui veut la fin veut les moyens, ″, Qui ne risque rien n'a rien.″

139. Gana úzóla unwá masá, mu kumú kutádí-ko.

Si tu veux boire de l'eau, ne regarde pas le bord de l'eau.

, Le mieux est l'ennemi du bien.″

140. Gana úzóla nkēmbó, mbūndu saulá.

Si tu veux la gloire, méprise ton cœur.

Un homme influent fait abstraction de ses propres souffrances.

141. Ganá zítísá bákwēno, ngé zitidí ;

Ganá léwúlá bákwēno, ngé lewokelé.

Si tu respectes tes proches, on te respecte ; si tu insultes tes proches, on t'insulte

On vous mesurera avec la mesure dont vous mesurez

142. Gatá dí bwïmí díbótä, di-dinkĕnda ka-díbótä-ko.

C'est le village où il y a avarice qui peut être prospère, celui où il y a détraction ne peut prospérer.

L'avarice est un moindre mal que la détraction.

143. Gatá dífwa, kidīmbu mfúma.

Le village est ruiné, comme signe il reste le faux cotonnier.

Malgré les disputes, le véritable amour ne meurt pas.

144. Gatá dífwá nlêke, ka difwé mbútá ko (cf. 211).

Mieux vaut un village sans sujets qu'un village sans chef.

Mieux vaut avoir le bras coupé que la tête.

145. Gatá dífwïdídi áku mu nkasa, tūngá dio ;

Go kutŭngidí dió ko, mbëlá múnki úländíla yo ?

Au village où ta mère est morte par suite de l'épreuve du poison, construis-y ta demeure ; si tu n'y construit pas, comment te venger ?

On venge la mort de sa mère sur son propre sol clanique. Si on ne le fait pas on abandonne ses droits.

146. Gatá díkőndá mbwa nsusú zitákóka kiyisi.

Au village sans chien les poules dérobent l'os.

Dans un groupe sans autorité, chacun se comporte en maître. , Le chat parti, les souris dansent.″

147. Gatá díkőndá ńlêke ka-díbótä-ko.

Un village sans sujets ne peut pas prospérer.

Tout groupement humain a besoin d'inférieurs.

148. Gatá dí móno, mankondo ndé mankëntó lőngo ? (cf. 639).

Le village est à moi, les bananiers seraient-ils à ma femme ?

, L'accessoire suit le principal."

149. Gatá dí Ná kiûla ngwīsána.

Au village de compère Crapaud règne l'entente.

La discorde ruine la société ; l'entente la rend prospère. , L'union fait la force."

150. Gatá ka dígëndä ko nlêke mukutumá.

Tout village a besoin de sujets pour rendre service.

, On a souvent besoin d'un plus petit que soi."

151. Gatá yé mfumu, ngó kabayoka ngo yé ńkändá ko.

Tout village a un chef, on ne brûle pas le léopard avec la peau.

Respectez l'autorité légitime.

152. Ga tudiá, gá túmóka.

Où nous mangeons, là nous causons.

Un bon accueil ouvre les cœurs.

153. Gó bakidí, kotelé kinteka.

Quand tu as pris, tu te retires dans le cocon.

Profiter égoïstement de son bien.

154. Gó bakugëné mwâna, mbŭndú bákútádídí.

Si on te présente un enfant, c'est ton cœur qu'on veut sonder.

L'on vous donne à porter un bébé dans les bras pour voir vos sentiments vis-à-vis de l'enfant.

155. Gó dibwïdí mpáka, nda yūlá Sīnda.

Lorsqu'il y a un différend, on va interroger Sînda.

Ayez recours à un homme compétent pour sortir de vos difficultés.

156. Gó dīdí mwāmbá nkayi, yani nkayi yó dïdí.

Si tu as mangé de la sauce de l'antilope nkáyi, tu as mangé de l'antilope elle-même.

, Pas de fumée sans feu."

157. Gó dïdí nsusú ngani ; i yâku yíná dïdí.

Si tu as mangé la poule d'autrui, on te dit tu as mangé une poule à toi.

Le voleur doit restituer l'objet volé.

158. Gó ka lúdïä yání ko, mbūndu ka iléndí zéká ko.

Si vous n'avez pas l'habitude de manger avec lui, le cœur ne peut pas tourner (de faim).

On n'a pas recours à des gens inhospitaliers.

159. Gó kisálú kiákú úsálänga, binengi ningi kukúdí ko.

Quand tu es occupé à travailler, ne chasse pas les mouches.

Ne vous laissez pas détourner du but par des bagatelles. , Qui a mis la main à la charrue ne regarde pas en arrière" (Luc 9,62).

160. Gó kuzólélé mátóná ko, kusákáná ko ye mwáná-mbāmbi.

Si tu ne veux pas de taches (sur la peau), ne joue pas avec le petit de l'iguane.

, La prudence est la mère de la sûreté."

161. Gó kuzólélé ńsiétí ko, nkāndi dia zindwělo.

Si tu ne veux pas de malaises causés par des vers, mange peu de noix de palmier...

, La prudence est la mère de la sûreté."

162. Gó kwēmí kufiatakana ye nzitu, sá ukwănga taku di nzitu.

Si tu côtoies trop ta belle-mère, tu finiras par lui gratter le séant.

Une familiarité excessive provoque le dégoût.

163. Gó kwēmí kugāta, sá we-sengomŭna tebó díziämá ntama.

Si tu continues à remuer la terre, tu trouveras un revenant enterré depuis longtemps.

, N'éveillez pas le chat qui dort."

164. Gó lengelé, kizǐngú kí ńlele ;

Gó fõngelé, fwá kú tába.

Quand tu marches, le pagne dure ; quand tu es assis, le pagne s'use.

Une vie laborieuse est utile, une vie oiseuse est stérile.

165. Gó lukú úsūmbá, sūmbá ; mpasí kumbánísí nkútá ko !

Si tu veux acheter du pain de manioc, achète-le, pourvu que tu n'épuises pas mes provisions !

Ne pas s'enrichir au détriment des autres. , On lui donne le petit doigt, il prend tout le bras."

166. Gó lwĕnda ye nzitu, ka lwĕndí nzílá ko.

Si vous accompagnez votre parent (par alliance), ne prenez pas le chemin de la rosée.

Evitez la familiarité avec la parenté par alliance.

167. Gó mbōngo-mŭntú vîdi, vwá malōngi mámbote yé mbōngo.

Si tu as de la descendance (= des enfants), aie de bons conseils et de bons soins

Les enfants mal éduqués se perdent.

168. Gó mwēní nsǒdi, í ya nsúsú mwèni.

Si tu vois le bec, tu vois la poule même.

L'envoyé forme une seule personne morale avec celui qui l'a envoyé. , Qui te reçoit me reçoit" (Matthieu 10, 40).

169. Gó mwēní tebó, kātá ! Gó kukëti ko, ndīngá ifwîdi.

Lorsque tu vois un revenant, crie fort ! Si tu ne cries pas, tu perdras la voix.

Pour sortir de ses misères, il faut recourir aux autorités responsables.

170. Gōndá mbwá áku nkatú, ngātú kadïdí kwándí mäkí ko.

(Tu) tue (s) ton chien sans motif, peut-être n'a-t-il pas mangé les œufs

Ne pas punir sans examen préalable.

172. Gōndá yu télemene, kugőndí ko yu fúkamene.

Gó bǒle, luyuwasana.

Tant que tu es seul, consulte toi ; quand vous êtes deux, prenez conseil.

, Qui bien engrène bien finit."

173. Gó nwīní mu mbēmba, sá uvidisa ngogó.

Si tu bois dans un pot, tu perdras la voix (mbēmba, pot à anse, sans bec, pour verser le vin de palme dans des verres)

, Le vin entre, la raison sort."

174. Gó táka, nzá tudiá ; gó ndúmbu, kuná nto.

Si c'est un têtard, venons manger ; si c'est un petit poisson ndumbu, allez à la source.

Se dit d'un avare.

175. Gó tāmbulwéle, nkánu ; gó tuniní, ka nkánú ko.

Si tu reçois de l'argent, il y a culpabilité ; si tu refuses, il n'y a pas culpabilité.

La vénalité des juges les rend coupables.

176. Gó tőndá úkúntōnda, untônda yé mbwá zámo (cf.. 84).

Si tu m'aimes vraiment, aime-moi avec mes chiens.

Qui veut respecter le propriétaire respecte sa propriété. , Qui aime son chien aime jusqu'à ses puces."

177. Gó tumísi mabūndú, madiá kubika.

Si tu convoques une assemblée, prépare les provisions de nourriture.

Leçon de prévoyance.

178. Gó lonabele mvulá, mankóndó sïkíla.

Si tu attires la pluie, étaie les bananiers.

Leçon de prudence.

179. Gó tútu, twālá ku kānda ; gó mbêndi, twālá ku kitātá.

Si c'est une souris, porte-la au clan maternel ; si c'est un rat mbêndi, porte-le au clan paternel.

180. Gó wĕnda ye mwîfi, ngeyé mpi mwīfi ;

Gó wĕnda ye ngyăngi, ngeyé mpi ngyāngi

Si tu accompagnes un voleur, toi aussi tu es un voleur ;

Si tu accompagnes un fourbe, toi aussi tu es un fourbe.

, Dis-moi qui tu hantes, je te dirai qui tu es.″

181. Gó ulāmbá luku lu mwîni, kutulá mbūnsú ; ngātú yu úńkaka kadiá kwándí ló ko.

Quand tu prépares du pain de manioc en plein jour, déride-toi ; peut-être un autre n'a pas l'intention de le manger.

La mauvaise humeur est inutile.

182. Gó yitikidí, ngé yitúla.

Variante : Gó bakuyítikidi, ngé yitúla.

Si tu aimes donner, reçois.

Aimer donner et recevoir est également importants.

183. Gó vwīdí nkōmbo-kóko, sosá nkĕnto ;

Gó vwīdí mbwa-kóko, sosá mbwá-nkĕnto.

Si tu as un bouc, cherche une chèvre ; si tu as un chien, cherche une chienne.

Les anciens du clan doivent chercher une épouse pour les jeunes garçons de leur parenté.

184. Gó wānéne ye ndóki, vika kekumúka.

Si tu rencontres un sorcier, ne tarde pas à tousser.

Prenez vos précautions contre le danger. , Un homme averti en vaut deux.″

185. Gó zitikidi nkōmbó, tubänga minsángá (cf. 317).

Lorsque tu attaches une chèvre, donne-lui régulièrement des feuilles du munsángá.

On porte les risques de son entreprise. , On ne fait pas d'omelette sans casser des œufs.″

186. Gó zolelé udiá nsafu lômba, bwá yé nta (cf. 896).

Si tu veux manger un nsáfu mûr, tombe avec la branche.

, Qui ne risque rien n'a rien.″

187. Gó zolelé udiá ntu ngêmbo, yidika tá diáku.

Si tu veux manger la tête de la roussette, prépare ton arme.

Pas de récompense sans peine. , Qui veut la fin veut le moyens."

188. Gó zolelé udiá ntu nkûmbi, yika lukákú lwáku (cf. 192).

Si tu veux manger la tête du rongeur nkûmbi, dresse ton piège.

Pas de récompense sans peine. , Qui veut la fin veut les moyens."

189. Gó zolelé ndūngú, yambulá mwāmbá ;

Gó zolelé mwāmbá, yambulá ndūngu.

Si tu veux du poivre laisse la sauce ; si tu veux de la sauce, laisse le poivre.

Ne pas faire deux choses à la fois.

190. Gó zolelé ndūmbá, teká nimá bakuzénga nsāmbá.

Si tu veux une fille (à marier), tourne le dos pour qu'on te fasse des tatouages.

La circoncision favorise la fécondité.

191. Gó zolelé nkēmbó, lebila.

Si tu veux être honoré, sois souple.

Douceur attire, aigreur effraye. , Plus fait douceur que violence."

192. Gó zolelé nkūmbi, tūngá lukaku (cf. 188).

Si tu veux (attraper) le rongeur nkûmbi, construit un piège à clôture.

, Qui veut la fin veut les moyens."

193. Gó zolelé ulóka nkisí taá mimiākú, kănsi ka míngání ko.

Si tu veux ensorceler, regarde tes fétiches à toi, mais pas ceux d'autrui.

On porte la responsabilité de ses actes.

194. Gümbá dí nsafu ganá díbwïdídi gá díbódíla.

Le fruit vert du nsáfu, là où il tombe là, il pourrit.

, J'y suis, j'y reste.", Les vieux arbres ne se transplantent pas."

195. Gusú kayēngí, ntombolo nsinga.

Variante plus récent : Guú kayé tíya, ntombolo nsinga.

Le feu ne brûle le coton que lorsqu'il monte le long de la mèche.

, Pas de fumée sans feu."

196. Ikubúka ikuziŏla, keti mónó íkútële é ?

Je te soigne, je te masse, est-ce moi qui t'ai envoyé la maladie ?

Vous n'êtes pas à la bonne adresse !

197. Ikwá-léngi ye mbêle muna kivŭmu é ?

Vais-je me promener avec un couteau dans le ventre ?

Se débarrasser de ce qui gêne.

198. I muntu-nsūmbá, ngé úmvwidi; kănsi mbūndu kuvvwïdí yó ngé ko.

Je suis un esclave, tu me possèdes, mais mon cœur n'est pas à toi.

La contrainte extérieure n'atteint pas la liberté intérieure.

199. Ka bafwä mfwá zőle ko.

On ne meurt pas deux fois.

Ne mettez pas inutilement votre vie en danger. „ Une fois passe, deux fois lasse trois fois casse."(„ Qui aime le péril y périra.")

200. Kabá ku yĭmbi : má ku ntú, ku makolo símíníni.

Donner comme le milan ; il dit, tiens !" de la tête, il retient avec les griffes.

Donner d'une main, reprendre de l'autre. (Appliqué aux Blancs.)

201. Kabá úfwīlí mu nsāsá ándi.

La chenille kába est morte dans ses propres ordures.

Nos familiers sont souvent nos ennemis. , Nul n'est prophète en son pays" (Jean 4,44).

Aussi : Tel est pris qui croyait prendre."

202. Kabilá mbēndí, kabilá tutu.

Distribue de la nourriture au rat mbêndi, distribue de la nourriture à souris.

Ayez la main large.

203. Kalabonga, gó ka-nwá ándí ko, kasúngá-gó-ko.

Le lézard kalabongo ne s'empresse pas vers le trou qui n'est pas le sien.

On recourt aux siens, mais pas aux étrangers. Comparez : C'est dans l'adversité qu'on connaît ses amis."

204. Kalabonga úgōnda ngudi mu buwa bu buvúla.

Le lezard kalabonga a tué sa mère à cause des champignons buvula.

Céder ses droits pour un potaga de lentilles.

205. Kalabonga uyénda ntĭnu-bwäná zändú ko ;

Lungwéní úyénda malēmbé uyé-bwäna zāndú.

Le lézard kalabonga qui marcha vite n'atteignit pas le marché ;

Le caméléon qui marcha lentement arriva au marché.

, Qui trop se hâte reste en chemin."

206. Kalūnga mwāngú nzo.

Dieu est le faîte de la maison.

Dieu supervise tout.

207. Kalūnga nkókó nene, lūngila mêso, kalüngílá ntämbí ko.

Kalūnga est un grand fleuve, on peut le parcourir des yeux et non des jambes.

Le monde est vaste comme la mer.

208. Kamá (ki) sāmbú, kadiá masulá.

Qui presse les noix de palme mange les résidus.

Profiter de son travail.

209. Ka lugäní mbísí kú mbwá ko.

Ne donnez pas la viande aux chiens.

, Ne jetez pas les perles aux pourceaux″ (Matthieu 7 ; 6).

210. Ka lukádí kímfwési kayémúnängá bäná ko.

Ne soyez pas comme le rat kimfwesi qui omet d'allaiter ses petits.

Les parents ne doivent pas omettre de soigner leurs enfants.

211. Kānda difwá ńlêke, ka difwá mbútá ko (cf. 144).

Le clan peut manquer de sujets, (mais) pas d'anciens.

, Le corps ne peut pas se passer de la tête.″

212. Kānda dinene mfwïlu bubi.

Un grand clan subit de grandes pertes.

Où il y a beaucoup d'hommes, il y a beaucoup de misères.

213. Kānda dína nkuná-ńkënto ka díléndí fwá ko.

Un clan avec des descendants féminins ne peut périr.

Le clan prospère aussi longtemps qu'il y a des filles nubiles.

214. Kānda gó kwēlélé diâu, kānda diaku ;

Mfĩnda gó solélé yâu, mfĩnda áku.

Le clan par alliance est ton clan ; le bois que tu essartes est ton bois.

Par le mariage et par le travail personnel l'on participe aux biens de la société.

215. Kānda ka dífwä ko, kunkumúka.

Le clan ne meurt jamais, bien qu'il soit (parfois) ébranlé.

Les générations passent, le clan ne passe pas.

216. Kānda ka kimfúmú kí másási ko, ná bäkulu ye nzèfo ye nzèfo (cf. 252).

Le clan n'est pas un champ de maïs où tout le monde porte la barbe.

L'autorité doit être respectée.

217. Kanda ka zändú ko, tuta tála tumwāngána.

Le clan n'est pas un marché où nous venons regarder et puis nous disperser.

On ne s'émancipe jamais du clan.

218. Kāngalá ye-niánsi ; ngá gó kāngéle ye ngiúmbiíla, si kakuvïmbísa nzūmbu.

Promène-toi avec un pou ; mais si tu te promènes avec une abeille, elle te fera gonfler le museau.

, De deux maux il faut choisir le moindre."

219. Kāngá mbūnsú, kutulá kwámó ílúta.

Fronce le front, déride le front, je passe outre.

Fais ce que tu dois, advienne que pourra. „ Les chiens aboient, la caravane passe."

, Bien faire et laisser dire."

220. Káni balónga, makutú mpúku.

Bien qu'on l'enseigne, il fait la sourde oreille (cf. 1122).

Peine perdue ! Il est étourdi. Il n'y a pas d'onguent qui puisse le guérir.", Il n'est pire sourd que celui qui ne veut pas entendre."

221. Káni dīdí káni nwīní, na kokotó-gōdi sá-unwâna.

Qu'il mange ou qu'il boive, le bousier est sûr de le rencontrer.

La condition humaine impose à tous des actes inévitables : manger, boire et évacuer les déchets.

222. Káni kina ngăngu ko, kănsi mŭntu ngina.

Même si je ne suis pas inintelligent, je reste un homme.

Quelqu'un peut avoir un défaut, il conserve sa dignité humaine.

223. Kapiāngu túbidi ndāngú, vútúkísi muna mbăngu.

La guêpe jette le pan de son pagne dans l'air, elle rentre dans la rangée.

Si on rappelle quelqu'un à l'ordre, il rentre dans la rangée.

224. Katulá dīmbu ku ntó ńkoko nuní ziyobidĭla.

Enlève la glu à la source, pour que les oiseaux puissent se baigner.

Enlevez l'obstacle, tout ira bien.

225. Kutulá ngó mu nzilá, nkōmbó kalúta.

Ecarte le léopard du chemin, la chèvre pourra passer.

Enlevez l'obstacle, tout ira bien.

226. Katulá nteté ki kína ku sukulu, ibûna ki kina ku mwēló sá kibaká mfulu.

Enlève d'abord ce qui se trouve dans le coin (derrière la porte), puis ce qui se trouve à l'entrée de la porte aura de la place.

Enlevez l'obstacle, tout ira bien.

227. Kēmbo di ńkisi : ngānga kimŏya.

La force du fétiche, c'est le devin vivant.

La protection est assurée aussi longtemps que le devin est en vie.

228. Kēnda sāngúla mbēmba kuná mfuma !

Qu'il aille dénicher le vautour sur le faux-cotonnier !

, Rien sans peine.", Qui ne risque rien n'a rien."

229. Kēnki dí nkōmbo kú se ; gó ka sé ko, kú ngudi.

La tache blanche de la (petite) chèvre provient du père ; si elle ne provient pas du père, elle vient de la mère.

, Tel père, tel fils."

230. Keti mbwá lenda yambulá mbisí mukulănda mīkwá kaká ?

Est-ce que le chien peut abandonner le gibier pour poursuivre les seules chenilles ?

Ne pas abandonner le meilleur pour le moins bon. , Il ne faut pas lâcher la proie pour l'ombre."

231. Ki báfwïlä ńtu basä kio.

Ce pourquoi l'on meurt. On y met la tête.

Si l'on sacrifie sa vie pour quelque chose, c'est que cela en vaut la peine.

232. Kibānsala ki mbômbo mūntu úkőmbä kio.

L'espace libre sous le nez, chacun le nettoie.

L'intelligent se débarrasse des sots.

233. Kibeteti yêle mpú, nkúlú ándí úsïsá yo.

L'oiselet kibeteti porte la couronne de chef, c'est son ancêtre qui la lui a laissée.

Ne pas s'écarter des sentiers battus par les ancêtres.

234. Kidiá mbwa kizobá kiáku.

Ce que mange le chien est dû à ta folie.

Nous subissons les effets d'imprudence. , On est souvent puni par où l'on a péché."

235. Ki kitámwësa mpasi kú mbēfo kimbóté kibeni ku mvûmbi.

Ce qui fait souffrir le malade est encore bon pour le cadavre.

Souffrir vaut mieux que mourir.

236. Ki kitëbisänga kivumu ka kiyútä ko mu ngīndu.

Ce qui remplit le ventre ne rassasie pas toujours la pensée.

La nourriture chasse la faim, les soucis restent.

237. Kikobula mbūndu katä mbísí kiké ko.

L'homme au cœur patient obtient des résultats inespérés.

, La patience vient à bout de tout.", Patience passe science."

238. Kikúbákídí nkósi mú ńwá ko.

Je ne te prends pas le lion dans la bouche.

Excusez-moi de vous interrompre.

239. Kikutu-kutú fwîdi masiká ka bakúńyiníkä ko.

Le hibou qui est abattu la nuit, on ne le dépouille pas pour le faire tremper la nuit.

On n'arrange pas les différends la nuit.

240. kikwá kisina, mpēmbo kisina, diāmbú mpi dikŏndi kisina

L'igname a une origine, celle appelée mpēmbo a une origine, la palabre aussi à une origine.

Tout événement a sa raison d'être.

241. Kilumbu kibútá Má Ntiëti kifuta balêngele tiyá.

Le jour où l'oiselet ntiēti engendre ses petits, on rase la brousse avec le feu.

Les petits sont poursuivis pour des bagatelles, mais les grands commettent impunément leurs méfaits.

242. Kilumbu udia ndūngú usósa masá.

Le jour où tu auras mangé du poivre, tu chercheras de l'eau.

Ne refusez pas de rendre service, car un jour vous aurez besoin du service d'autrui.

, Qui ne songe qu'à soi quand la fortune est bonne, dans le malheur il n'a point d'amis.''

243. Kilumbu útüla kūlú lú ńtéba.

Un jour tu mettras le pied dans la pâte de manioc.

Un enfant revêche s'attire des ennuis inexplicables. , au bout du fossé la culbute.''

244. Kimá kikatukidi ńtú kiêle ga gēmbó.

La charge qui a quitté la tête est allée sur l'épaule.

L'aîné peut se décharger sur le puîné, la charge reste.

245. Kímá kina ga ňtu mŭntu tala kwándi kitálǿnga.

Un objet placé sur la tête d'un homme ne fait que te regarder.

Ne pas se rendre compte d'un obstacle.

246. Kimá kisäla ku nseké nkódi ye ngōngolo.

Que rien ne reste dans la brousse hormis les limaçons et   les pieds.

Souhaiter bonne chance.

247. Kimbèmbi kibába malūnsi ku Mzambi Mpūngu.

L'épervier qui bat doucement des ailes et se tient en équilibre, son soutien vient du Dieu Tout-Puissant

Dieu est le soutien des êtres vivants.

248. Kimfúmú gäná bágänängá kiâu, ka bakigáná kio ko.

L'autorité, on la donne, on ne se l'arroge pas

Le Chef est nommé selon les coutumes légitimes ; il ne s'arroge pas le pouvoir

249. Kimfumú găna, ngānga sōngá ňlēmbó

L'autorité on la donne ; le devin, on le désigne.

Cf 248.

250. Kimfumú ka kímá ki kútéka ko.

L'autorité ne s'achète pas.

La vénalité est à proscrire.

251. Kimfumu ki bangămbi mēnó báyanga nzilá

L'autorité des fourmis voyageuses, ce sont leurs dents   ouvertes sur la route.

Une autorité qui s'appuie uniquement sur la force est bien faible

252 Kimfúmú ki másási, bētó-kulu ye nzèfo ye nzèfo (cf. 216)

Dans le royaume du maïs, nous portons tous la barbe

Tout membre clanique est libre ; personne ne doit le commander

L'anarchie s'est installée dans le clan ; personne ne veut obéir.

253. Kimfúmú ki múntu ye mūntu.

Tout homme est son propre maître

Il ne faut pas s'ingérer dans les affaires d'autrui

L'autorité dépend de celui qui l'exerce.

254. Kimfumú kifwânana yé tádi di nkändi, yōnsó yitidi yú utétá kwáni, ngeyé ibósi úyinga.

L'autorité ressemble à la pierre qui casse la noix de palme, le premier qui passe la frappe, et toi tu fais de même

Chacun à son tour exercera l'autorité, commencer par l'aîné.

255. Kimfúmú túmbwá kitúmbwänga känsi ka kitúmbá ko.

On est investi du pouvoir, mais on ne se donne pas l'investiture

Toute usurpation de pouvoir est blâmable.

256. Kimfetéte kidia ňkānda mŭntu mu ňlēmfú.

Nsaláfwa mu kisema kikîngi ye ngólo kalénda ko mudiá ňkānda mŭntu.

La fourmi ronge la peau humaine avec douceur La fourmi voyageuse, à cause de sa grande vanité et de sa force n'est pas à même de ronger la peau humaine

Une humble patience vient à bout de toutes les difficultés, mais l'orgueil n'obtient aucun résultat durable.

257. Kimfwéte kifwîdi mambemba.

La fourmi est morte sur le dos.

Dieu appelle les gens à Lui à tout instant et à tout endroit.

258. Kimaka-mpaka udiá ntamá ka kiminuká ko.

La teigne que tu as mangée depuis longtemps n'est pas encore avalée.

Avoir de vieilles obligations ou une vieille rancune. La vengeance est un plat qui se mange froid.''

259. Kimpati kákondá kúléngá yé nzó ándi ko.

La larve kimpati traîne partout sa maison.

Leçon de prévoyance.

260. Kimpiti mpaka nkayi.

L'antilope kimpiti a des cornes comme l'antilope nkáyi.

Ne jugez pas selon les apparences. ,, Les apparences sont souvent trompeuses, L'habit ne fait pas le moine.

261. Kimūntu kiáni.

Son humanité fait son autorité.

Chaque homme a droit au respect.

La valeur personnelle fait l'autorité.

262. Kina kwámó ńtú nzënzé ko lubatikila mfūndi.

Je ne suis pas comme la tête du cricri que vous collez contre un morceau de pain de manioc.

Ne pas se laisser calomnier faussement

263. Kina kwámó nkőmbó ko, ngá unkânga ga ńteti

Je ne suis pas une chèvre à enfermer dans un fagot.

Ne pas se laisser rouler. ,, il ne faut pas se laisser manger la laine sur le dos.''

264. Kinati mămbu kákängä fwá ko dikóla.

Le malfaiteur n'enveloppe pas bien les cadavres, de sorte qu'il soit solidement lié.

Le coupable ne fait rien qui vaille.

265. kindwěló kikótä mu dísú, ki kinene ka kíkótä ko.

C'est une petite chose qui entre dans l'œil, une grande chose n' y'entre pas.

Se connecter de peu de chose.

266. Kiniki mwāmbá ka bakúńtalä kú ńwá ko.

Celui qui broie les ingrédients de la sauce aux arachides, on ne le regarde pas à la bouche.

, Tout travail mérite salaire.'' ,, Tu ne muselleras pas le bœuf quand il foulera le grain'' (Deut 25,4).

267. Kiningini mu ńkäkálá kisāla.

Kiningini est resté en voyage.

Les vieux ont laissé les jeunes en un endroit où personne ne les peut chasser.

268. Kinkala ńlêke kitukidi mbuta.

Ce qui était jeune est devenu adulte

Les jeunes deviennent adultes.

269. kinkitá kikita zowa di gata ńlutá dimé.

Le commerce que fait l'idiot du village a pour gain la rosée.

Pas de profit sans engagement. , Qui ne risque rien n'a rien.''

270. Kińkwēno mu mbálu.

Ce qui appartient à autrui est précieux.

Respectez les biens d'autrui

271. kinkóto kitómina mú ńtú má nsîsi, gó mu ńtú má mbwa wēlá difwidi.

Le coup va bien à la tête du rongeur nsîsi, s'il atteint la tête du chien, la chasse échoue.

Permettre qu'on touche autrui, mais pas qu'on touche à sa propre personne.

, Du cuir d'autrui large courroie.''

272. Kinkúba ńkwá-fïka nsēngo yĕba.

Une houe usée peut remplacer une houe toute neuve.

On peut obtenir de beaux résultats avec de faibles moyens.

273. kiséngo wîdi mvumú mvula, si upápa mbundu.

Lorsque l'oiseau cardinal entend le bruit de la pluie, son cœur commence à battre.

Le malfaiteur craint la poursuite.

274. Kisengo ki yóbele nkulá ku mbāngala kitukidi seki.

L'oiseau cardinal qui s'est fardé de poudre rouge, à la saison sèche devient le passereau seki

Se dit d'un homme inconstant.

275. Kinsu ki fümu ńwa ye siwa (cf. 277).

La pipe passe de bouche en bouche.

, L'union fait la force.''

276. Kinsu kilämbä mwimi telulá, ndé : ka kiyïdi ko.

La marmite préparée par l'avare, enleve-la, il dit : elle n'est pas prête.

L'avare enveloppe son refus de mille prétextes.

277. Kinsu ki máte ńwá ye ńwa (cf. 275).

Le crachoir se remplit s'il va de bouche en bouche.

, L'union fait la force.''

278. Kinsu nsimbidi, mvilú keti wu itïna é?

J'ai saisi le pot, dois-je craindre la suie?

Un homme engagé ne doit craindre les conséquences de son

Engagement.

279. Kinsūsu kavwä mfúlú kálëka ko.

La punaise kinsusu n'a pas de place pour dormir.

Applicable à l'indésirable : il est reçu, comme un chien dans un jeu de

quilles.'

280. Kintieti kiĕnda, isāla mónó mpóngó-mwîmba.

Que le passereau ntiēti s'en aille, moi, l'oiseau mpóngó-mwîmba (veuve

de paradis), je resterai.

281. Kinti-nti káni kindwĕlo tukayá ná ntĕ.

Un tout petit arbrisseau avec des feuilles abondantes.

Un petit enfant peut causer de grandes peines.

,,petit de taille mais grand de cœur.'' ,,Dans les petits pots les meilleurs

onguents.

282. Kintoka muna nzila, ka kizutu kwandi ko.

Le pain de manioc qu'on prend avec soi sur la route n'est pas une charge.

Ne voyagez pas sans provision.

283. Kintúndibila ka kilólúkä lúkáyá ko.

La plante kintúndibila ne laisse pas tomber les feuilles.

Se dit d'un avare. ,, Il tondrait un œuf.'' ,, Qui prie le vilain se fatigue en

vain.''

284. Kinuni-núní kindwĕlo kigulúsä mbutá.

Le tout petit oiseau sauve le grand.

,, On a souvent besoin d'un plus petit que soi.''

285. Kinunu kala kamónä bóbo, ngá kalútä zändü ko.

Si le vieillard rencontrait toujours la même chance, il ne manquerait à

aucun marché.

Exprimer sa joie en recevant un don.

286. Kinwe-malafu gogélé diämbu, ku mbūndú ditükidi (cf .96).

Un ivrogne a raconté une affaire, c'est qu'elle sort du cœur.

Le vin fait sortir les secrets.

287. Kinzēnzá nkëmbó kina, keti kúsúkúlá ko mókó

Jouir de l'hospitalité est un honneur, ne vas-tu pas te laver les mains ?

Tout hôte étranger doit surveiller sa conduite.

288. Kinzénzi-ngóma mu ńwá nsusu.

Le grillon dans le bec de la poule.

Le messager doit transmettre fidèlement le message reçu.

289. Kinzōnzi ntŏmfia kani mu ńwá ńlêki tūkila.

Un jugement mûr peut sortir de la bouche d'un jeune.

La sagesse peut sortir de la bouche des petits. ,, La vérité sort de la bouche des enfants.'' ,, La valeur n'attend pas le nombre des années.

290. kisadi gá nzó áni, mputu gá nzó áni.

Le travailleur dans sa maison, le pauvre dans sa maison.

Chacun chez soi.

291. kisalu ki méné-mene kibútä mbōngó.

Le travail matinal produit des richesses.

A bon gain, qui se lève matin.

292. kisāmbú ka kibwäkilä bá dímósi ko.

Le régime de noix de palme ne mûrit pas sur un seul palmier.

Le bonheur ne s'attache pas à un même homme. ,, Tel qui rit vendredi, dimanche pleurera.''

293. kisāmbú kibwêke mu simú nzadi, kănsi kulendi kio zénga ko.

Un régime de noix de palmier mûrit sur l'autre berge de la rivière, mais tu ne peux pas le couper.

Une veuve non relevée du deuil reste dans le clan du mari défunt.

294. kiseló mwäná yāngi úyángúmúná kiâu.

Une nouveauté, un enfant communicatif la lance.

Un garçon ingénieux peut introduire des nouveautés dans le clan.

,, La valeur n'attend pas le nombre des années.''

295. Kisēngelé kitóluka, ka kisälá nkőkó ko.

La hache est cassée, le bruit de l'abattis s'est éteint.

Le clan s'est éteint, plus personne ne reste en vie.

296. kisńngó kiyadidi bu túfúká-túfúká.

L'agitation commence, nous nous démenons en vain.

Le bavardage fatigue. ,, Trop parler nuit.'' ,, Brebis qui bêle perd sa goulée.''

297. Kisiélélé úkula ye mfutá gata.

Les fougères poussent avec la brousse.

Etre à la hauteur du bien et du mal d'un village.

298. Kisisi ki mwîsi, kisisi ki mwîsi, kisäla é kie ?

Je jette un tison qui donne de la fumée, je jette un autre tison qui donne de la fumée, que restera-t-il du feu ?

Ne regardez pas uniquêment les défauts des autres. ,, Il n'y a femme, cheval ni vache qui n'ait toujours quelque tache.''

299. kisiwu kikiêle, tumá balêke batubila madiŏko.

La saison sèche arrive, ordonne aux jeunes de placer le manioc (pour attraper les rats).

Utilisez les bonnes occasions, les moments opportuns.

300. Kisumbila ngumbi munkutuko (cf. 813).

Je n'achète pas le perdrix dans un sac.

Ne pas se laisser rouler. Ne pas faire un marché de dupes.

301. Kitaka kimina ngola kitatimini gana kimfu.

Le crochet qui est avalé par le silure (lui) est resté sur l'estomac.

Le vaincu d'une palabre souffre, mais il reste sur vaincu.

302. Kitata ka bàlambula ko, kansi ki kifunganga kibalambululanga.

Ce qui est brûlé n'est pas à recuire, mais ce qui n'est pas à point est à   recuire.

Il est trop tard pour éduquer un enfant.

303. Kitêkila ka kiniémununwako.

Ce qui a poussé ne se laisse plus repousser.

Les droits d'aînesse priment.

304. Kitekuka mu diaki kituka.

Ce qui est éclos sort d'un œuf.

Toute chose a une origine.

305. Kitini ntinu, kitini malêmbi.

Tantôt rapide, tantôt lentement.

Adaptez votre conduite aux circonstances, Selon le vent, la voile.''

306. Kitutu kikala ndungu ka kisuka nkéfuko.

La vieille calebasse qui a contenu du poivre neperd jamais sa forte   odeur.

On ne se corrige pas parfaitement de ses défauts. , L'habitude est   une seconde nature.''

307.   Ki udia mené – mené nkokila ûlundidi kiâu.

Ce que tu manges le matin, tu l'as conservé la veille.

Lecon d'économie.

308   Kiula go zolele nkutu, untwikila yo.

Si le crapaud désire (Porter) le sac, donne lui la charge.

Accordez une demande insensée pour corriger un sot.

309.   Kuila tombokele mongo mu mpasi kéna.

Si le crapaud gravit la colline, c'est qu'il souffre.

Avoir faim, sans oser le manifester.

310.   Kuila wayikwa mansondama mavunda mpasi kamonanga.

Le crapaud qui reste accroupi souffre pour se reposer.

Il est pénible au malfaiteur de devenir honnête. „ En sa peau renard
    moura.''

311.   Kivumu utandanga, kansi n'tukatanda ko.

C'est le ventre qui maigrit, mais la tête ne maigrit pas.

La faim ne se lit pas sur le visage.

312.   Kivuvu ki mfusi-ntambu na sa kabaka diaka, kansi si nkatu kwandi.

Le dresseur de pièges espère du nouveau butin, mais rien n'arrive.

Se leurrer d'un vain espoir. Comparez : Un tiens vaut mieux que deux   tu
l'auras.''

313.   Kivwatilu babaka, kigogolo ka babaka kio ko.

On imite la façon de s'habiller, on n'imite pas la façon de parler.

Les actes l'emportent sur les paroles.

314   Kiyala – môko kafwa ko.

Celui qui étend les mains (pour prier) ne meurt pas.

N'oubliez pas de prier les ancêtres.

315.   Kiyindibidi ga kádïla, ga kásïla bikindú.

Le monstre Kiyindibidi, là où il mange il fait du bruit.

Sur dix obligés, il y a neuf ingrats.

316.   Kiyisi kinwäninä bambwá, kiyisi ka bavwidi kió bäú ko.

Les chiens se disputent pour un os, mais l'os leur échappe.

Quand deux personnes se querellent pour un objet, une troisième l'accapare.

„ Ce sont deux chiens après un os''

317.   Kizitikila nkōmbó munsangá (cf. 185).

Celui qui lie la chèvre lui donne des feuiles du munsangá.

Celui qui prend une initiative est résponsable de son entreprise. „ On ne fait
    pas d'omelette sans casser des œufs.''

318.   Kizitú ga ńtú ngani ntëntila.

Un fardeau sur la tête d'autrui reste en équilibre.

Le travail d'autrui ne nous pèse pas.

319.   Kizitú kináta bŏdi kigégila.

Le fardeau porté à deux est léger.

L'entraide allège les peines.

320.   Kodi diámó disïsá bámbuta di ilända.

Ma coquille laissée par les ancêtres est celle que je suis.

Restez fidèles aux traditions ancestrales.

321. Kodi ka difwïdí-étí ko ka baléndí kúnkómá bútí ko.

Tant que l'escargot n'est pas encore mort, on ne peut pas remplir la coquille avec le charme.

Aussi longtemps que le chef légitime est en vie, il est défendu de nommer un successeur.

322. Koko dí nsusu weyídi gãtã nsielelé kuna nlàmbu nzadi.

Le coq est allé gratter les petites fourmis près de la rivière.

Expression de solidarité

323. Kõkó gana kufókokila.

Les bras se plient à l'articulation.

Il faut suivre le cours naturel des événements. „ Le temps ne respecte pas ce que l'on fait sans lui."

324. Kõko ku mwîfi ka kúyibilä nsóni ko.

La main du voleur n'a pas honte de voler.

Chez le voleur l'habitude de voler est devenue une seconde nature. Comparez :

"Qui prend un oeuf finira par voler un bœuf." „En sa peau renard mourra."

325. Kólo nângu, kólo, mukwëndá wúna.

Lever une jambe, lever l'autre jambe, tu es en train de marcher. Petit à petit, l'oiseau fait son nid." „Pas à pas on va bien loin."

326. Kõnso kóta luvunu Nzãmbi kantála !

Tout homme qui profère un mensonge, Dieu le voit !

Dieu punit les menteurs. Les mensonges ont les jambes courtes."

327. Kõnsó kubwîlá nti mu masódi.

Où que l'arbre tombe, c'est dans le champ défriché.

„Fais ce que tu dois, advienne que pourra.

328. Kõnsó kimfumu ku Nzámbi Mpûngu.

Toute autorité vient de Dieu Tout-puissant.

L'autorité est respectable parce qu'elle vient de Dieu

329. Kõnsó kizá ngolo ki mpakása.

Vers tout lieu d'écopage, il faut aller avec la force du buffle. Faites bien votre besogne, faites de votre mieux.

330. Kõnso mûntu mfúmu.

Chaque homme est un homme libre.

Tout homme est respectable.

331. Kõnso nti nsúngi áni.

Variante : Kimpá-nti nsúngi áni.

Tout arbre a sa saison.

„Chaque chose en son temps. „

332. Kõnsó núni zala diándi dimbote.

Tout oiseau trouve que son nid est beau.

On aime défendre ses propres intérêts. Chaque oiseau trouve son nid beau."

333. Kubándi mbwá ákú mpámbá ko, bu úsa ndé : yándi dîdi mbisi, nkio ka yándi ko.

Ne frappe pas ton chien sans motif en disant : c'est lui qui a mangé la viande ; hélas, ce n'est pas lui.

Evitez de punir des innocents.

334. Ku batábilá nkúnkú ka kúsálá ndólútá ko.

Là où l'on protège le bois (contre l'incendie en enlevant l'herbe) il ne reste plus de touffes d'herbes.

Après avoir tranché une palabre, tous les différends doivent être enterrés. Comparez : „ Ne déterrez pas de vieilles histoires."

335. Ku batêdi nzau nkëndá nzáú báta.

Là où l'on a abattu l'éléphant, on raconte l'histoire de l'éléphant.

On aime parler des actualités.

336. Kubéla nioká, kafwilá mbángálá mósi ko.

Variante : Kûma kié, kûma yidi, kubéla ; nioká yó kafwilá mósi ko.

La maladie est comme le serpent, elle ne meurt pas en une seule saison sèche.

Qu'il fasse clair, qu'il fasse obscur, on est toujours malade ; ce serpent qui n'est pas tué par un seul coup de bâton.

Les misères reviennent sans cesse.

337. Kúbwéle mãlú, lútidi yé-kúná kiãndu.

Il secoue les pieds, il va jusqu'à la natte.

Manifester son désaccord.

338. Kudiá káni dïdi, mfulu-ndëkoló mbúta.

Tu as beau manger, la couchette passe avant tout.

Avoir une maison à soi est plus important qu'avoir de la nourriture.

339. Kudiá ku kulungila ka kúyúkúta ko.

Bien manger ne rassasie pas.

Partagez avec les autres.

340. Kudia ku nkûmbi ku luvila, ka fitákáná kú mwéló mi nzó ko.

Le rongeur nkûmbi mange à l'écart, il ne s'approche jamais de l'entrée de la maison.

Ne comptez pas trop sur les cadeaux de votre entourage immédiat.

341. Kudiá kú ntinú kúyóká nwá.

A manger trop vite, on se brûle la bouche.

„C'est la précipitation qui gâte les affaires."

342. Kudiá kuswámá, nkënda ka úswámá ko.

Le repas reste caché, une nouvelle ne reste pas cachée.

Les nouvelles sont colportées.

343. Kudiá kú nkwëno, kuvutula kú nkwëno.

Manger avec le prochain, rendre au prochain
Qui reçoit doit donner de retour.

344. Kudiá kutómina bamayëmbi, bamvunzi bankwá-máléke.

La bonne nourriture convient aux pigeons, chez les oiselets mvunzi c'est le tapage.

Se disputer autour d'un butin.

345. Kudié ko lukú lwákulu wûnu, mbasi diâka kilùmbu.

Ne mange pas tout le pain de manioc aujourd'hui, demain il y a encore une journée.

Leçon de prévoyance.

346. Kufí kú mbuta, diàmbu ku nlêke.

Le salut à l'ancien, la palabre au jeune.

L'ancien est respecté, l'inférieur est tracassé. „ la raison du plus fort est toujours la meilleure.

347. Kufwá ka kuvutùka ko.

Mourir n'est pas revenir.

Les morts ne reviennent pas.

348. Kufwá kú mâma kuyémá kú mábénó má mbwa.

La mort de la mère fait qu'on suce les mamelles du chien.

Les enfants sans mère tombent dans la misère.

349. Kufwa kú mpûngú kuvila ku bétó bántu.

La destruction de l'esprit protecteur mpûngu (entraîne) la perte de nous autres humains.

Sans protection supra-naturelle nous sommes perdus.

350. Kufwá kú nsusu kubola ku diâki.

Le foyer sans père tombe dans la misère.

351. Kufwá kú tâta mãmá lêke ku zikú.

La mort du père fait coucher la mère près du feu.

Le foyer sans père tombe dans la misère.

352. Kufwá nsóni kumóna mpási.

Etre timide fait souffrir.

La timidité fait souffrir. ,, Qui se fait brebis, le loup le mange.''

353. Kugãní ko mbèlé ku mwâna, ngàtú sá kakilwêka.

Ne donne pas de couteau à un enfant, car il peut se blesser.

Ne laissez pas jouer les enfants avec le feu.

354. Kugoga kwíngi nwá kúmwésãnga mpasi.

A force de trop parler la bouche fait mal.

,,Brebis qui bêle perd sa goulée.''

355. Kukádí kíndíé nsíku ko, nángé dîdi nsiku yú sí úkúlúla lnsiku.

Ne sois pas un transgresseur de la loi, car toi qui transgresses la loi, tu l'as décrétée.

Evitez de ressembler à ceux qui font des défenses aux autres tout en les violant eux-mêmes.

356. Kukádí kínkálá kí mpúkú-núní ko, ndãmbú nsála, ndãmbú mîka.

Ne sois pas comme la chauve-souris mpúkú núní, moitié (couvert de) plumes, moitié (couvert de) poils.

Evitez la duplicité.

357. Kukádí mágánsákálá ko, mëno mandûnda.

Ne sois pas un homme à tout faire, comme les dents de devant.

Ne vous laissez pas exploiter.

358. Kukala béto bõle, ndé unsá ga katí.

Nous sommes à deux, et tu dis : mets-moi au milieu.

Ne demandez pas l'impossible.

359. Kukodilá kú mánkéwo, kusondalalá ka kúsúkã ko.

Les singes ont beau être bien portants, ils ne cessent d'être accroupis.

Les défauts demeurent. ,, On ne change pas la nature.",, L'habitude est une seconde nature.

360. Kukodilá kú nlãngí bõla, gana káti ntûtu.

La tige de l'oignon est bien développée, à l'intérieur elle est creuse.

Etre bien portant mais affamé.

361. Ku kõkó nkúla, ku kõkó mâsi, kõko ntúla ga ntotó nkátu.

Dans une main (je tiens) de la poudre à garder, dans l'autre main de l'huile, je n'ai plus de main pour mettre sur le sol.

,,Ne savoir à quel saint se vouer."

362. Kukókúlá nsósó zíngání ko.

Ne vide pas les nasses d'autrui.

Ne vous enrichissez pas aux dépens des autres. Oignez vilain il vous poindra." ,,Faites du bien au vilain

363. Ku kutúká (nga) müngu ka bafwáká ntótó ko.

D'où vient le sel, on ne jette pas de la terre (en signe d'inimitié)

Ne rendez pas le mal pour le bien, ;; Oignez vilain il vous poindra," ,, Faites du bien au vilain, il vous crache dans la main."

364. Ku kúyénda nzündu, kú kúkálãnga butadí.

Où est allé le marteau, c'est là que se trouve le métal.

,,Qui s'excuse s'accuse."

365. Ku kúyita bambutá kú túkwênda, kú túzíngíla.

Où les ancêtres nous ont précédés, c'est là que nous allons, que nous vivons.

Nous allons tous vers l'au-delà où commence la vie véritable.

366. Kulámbá kúkôndele ndé : mpalá tólwéle mwïku.

Quand on a manqué de préparer le repas, on dit : la co-épouse a cassé le bâton (pour remuer la nourriture).

,,Les excuses sont faites pour s'en servir."

367. Kulemuká ye kukikwangisíla mãlú ka bikwénda kúmósí ko.

Se dépêcher et se gratter les pieds ne vont pas ensemble.

L'on ne peut pas faire deux choses à la fois, ,, Il ne faut pas suivre deux lièvres à la fois."

368. Kuléngána ka kukóndwá kísümbúlá ko.

L'erreur n'exclut pas les mésaventures.

Le vagabond rencontre des mésaventures.

369. Kulengá ye kuléka ka bikwéndílá kúmósi ko.

Se promener et dormir ne vont pas ensemble.

Cf. 367. „Il ne faut pas suivre deux lièvres à la fois." „ On ne peut être à la fois au four et au moulin."

370. Kulóngí n'léké útüká kú mákínú ko, kánsi longá yu ukwênda ku makinú.

Ne donne pas de conseils au jeune qui revient de la danse, mais donne des conseils à celui qui se rend à la danse.

„Mieux vaut prévenir que guérir."

371. Kulungalálá kútómíná müntu.

La prudence sied à l'homme.

Un homme prudent réussit dans la vie. Composez : „ La prudence est la mère de la sûreté."

372. Kulüngila mêso, ka kulüngilá ntãmbi ko.

La région que parcourent les yeux, les pas ne la parcourent pas.

Les yeux vont plus loin que les pieds.

373. Ku luniãnsi difwîdi ga mputá, e kíndîdi zëyé kio ?

La mouche kuluniãnsiest morte d'une plaie, sais-tu ce qui l'a fait mourir ?

Sait-on exactement ce qui fait périr un homme perverti ?

374. Kuluniãnsi dikwéndánga ye mvûmbi méné-méné dímóníkãnga.

La mouche kuluniãnsi est morte d'une plaie, sais-tu ce qui l'a fait mourir ?

Sait-on exactement ce qui fait périr un homme perverti ?

375. Kümá ka tuléndélé kítúlá kó mbúká bíkwánga.

Le temps, nous ne pouvons pas le transformer en étang pour rouir le manioc.

„Il faut prendre le temps comme il vient."

376. Kümá kukiá, nsusú katóta, ngümbi kamina nkeni.

Le jour se lève, la poule picore, la perdrix avale des graines.

Réglez toute chose au bon moment. „chaque chose en son temps.

377. Kümá kúyéndá ko zulú dibwa.

Dans la région où tu n'es pas allé, le ciel tombait.

„A beau mentir qui vient de loin.''

378. Küma kuyididi, mämbu mayididi ; kumá kukiêle, mämbu makiêle

Le jour est tombé, les affaires sont obscures ; le jour s'est levé, les affaires sont claires.

Les palabres encourues pendant la nuit sont tranchées pendant la journée.

379. Kumá mpú ga ñtú, kizitu ga kõko, mwäna ga gëmbo.

Mets le chapeau sur la tête, la charge en main, l'enfant sur l'épaule.

S'apprêter au voyage.

380. Kümbwa dí ñkókó-nzadi dikümbãnga ndé : lubuka-lubùka ! gó kulubúkídi ko, ñkwá-fwïlá mo.

La chute de la rivière dit en tombant : attention ! Si tu ne fais pas attention, tu y trouveras la mort.

„Qui aime le péril périra."

381. Kumoná dïsú muná nkalu ka kukémíná ko mukudiá ñtú nkõmbo.

Le fait de voir un œil dans la calebasse, n'empêche pas de manger de la tête de chèvre.

„Ventre affamé n'a point d'oreilles," „ Il n'est chère que d'appétit."

382. Künsi disímbánga nzó gó nkátu, nzó ibwîdi.

Sans pieu pour soutenir la maison, la maison s'écroule.

La disparition du chef fait périr les sujets.

383. Kunyétikiná ko yá kumwîfi.

N'abandonne pas le champ au voleur.

Méfiez-vous d'un voleur.

384. Kupïndùla mbèlé ku mataku ma ngúlu.

Tourner le couteau contre le derrière du cochon.

Retourner les difficultés contre ses proches.

385. Kusá mpaká yé mfumu mayúma.

Discuter avec un chef est une querelle.

Il ne sied pas de discuter avec l'autorité.

386. Kusá ko kinióká-nioka, kànsi nióká kwándi.

Ne dis pas : c'est un petit serpent, mais c'est bel et bien un serpent.

Les petits dangers peuvent avoir de grandes conséquences. „ En jouant avec le feu on se brûle."

387. Kuswàmá-kúswámá nkéwo : nkéwo : ñkilá mu kumoniká úna mu nzilá ; ndé : swàmá swême.

La façon de se cacher du singe : sa queue se voit sur le chemin ; il dit : je suis caché.

Le malfaiteur se trahit par sa conduite.

388. Ku támbá kwání kína, ka kídiá mbwá ko.

Ce qui se trouve au grenier, le chien ne le mange pas. Mettre un objet en sécurité.

389. Künda nteté sïmbí, ngá sí úlúta ku tadi di mpõngo.

Salue d'abord le spectre des eaux, alors tu passeras jusqu'à la grotte de l'esprit mpõngo.

Respectez la hiérarchie. ;; A tout seigneur, tout honneur."

390. Kutékí ñkándá mbúlú ko kani kubaka yó ko.

Ne vends pas la peau du chacal avant de l'avoir pris

„Il ne faut jamais vendre la peau de l'ours qu'on ne l'ait mis par terre.

391. Kutélá ko ngó mu ñsõnsá.

Ne tire pas sur le léopard à cause du bruit (de ses pattes)

Vérifiez la situation avant de prendre une mesure.

392. Kutúka kú bulu wisi bwá ku yénga.

Sortie d'un puits pour tomber dans un précipice.

De mal en pis, ;; Tomber de fièvre en chaud mal,"

393. Ku tukwédisila ka tutúbá tádí ko.

A notre parenté par alliance ne jetons pas pierre.

On ne cause pas de difficultés à la parenté par alliance

394. Kuwé ko ndongisilá zí yú útákútúma ndé : sümbá ngulu yína kivumu kínene

N'écoute pas le conseil de celui qui t'ordonne d'acheter un cochon ventru.

Les conseillers ne sont pas des acheteurs."

395. Ku útwá mvulá kwé kúkõnda ngãnga.

Là où tu chasses la pluie il y a également un féticheur qui peut renvoyer la pluie

Une attitude hostile appelle la vengeance. ;; Œil pour œil, dent pour dent."

396. Kuvwézí ko niangá nkufi, sí uléka ga nzilá.

Ne méprise pas l'herbe courte, tu devras dormir dehors.

Les petites choses sont parfois très utiles. ;; On a souvent besoin d'un plus petit que soi."

397. Kwé mí nsá ko, mí minsãngu magátá mígõndãnga.

N'écoute pas les racontars, les racontars ruinent les villages.

Ne prêtez pas l'oreille aux racontars.

398. Kuyelá kutôndele ; bu mwêne vwãngí, si ùvïtáma.

Tu veux grandir, mais en voyant un fouillis de lianes tu te baisse.

Les jeunes qui imitent les grands s'arrêtent souvent devant les difficultés.

399. Kuyembalala kuwîngi kufwá kú nkóko.

Être distrait entraîne la mort du chasseur.

Qui se laisse faire est dupé par les autres. C'est : „ se laisse manger la laine sur le dos" ; „ se laisse couper l'herbe sous le pied.

400. Kuyéngãngá nzündu yé tadi ; tadí gó ka digá búka ko, nzündu sí igabùka.

Là où résonnent le marteau et la pierre, ou bien la pierre se fend, ou bien le marteau sera fendu.

Une querelle finit toujours mal pour un des querelleurs. ;; Chien hargneux a toujours l'oreille déchirée."

401. Kuyetila tiyá, kugalùka ku mbelá siku

Se chauffer au feu, se tenir à distance des cendres brûlantes.

„En jouant avec le feu on se brûle."

402. Kuyítá yáya kõmkó mu kinsu.

Là où ton frère aîné t'a précédé, tu as déjà la main dans le pot.

Ayez beaucoup de relations.

Songez aux vôtres.

403. Kuyamisa mbõmbó mbwa.

Essayer de sécher le museau du chien.

Peine inutile. ;; C'est la mer à boire." C'est porter de l'eau à la mer."

404. Ku zãndú ngyêle kineti màmbu ko ;ngá makãngu tãmbwéle, ka mãmbu ko é ?

Au marché où je suis allé, je n'ai pas eu d'affaires ; maintenant que tu as eu des relations coupables à l'ordre, ce n'est pas une affaire ça ?

Rappeler le coupable à l'ordre.

405. Kuziûdí mábúlú mánkúlú ko.

Ne vide pas de vieux trous (comblés).

Ne recommencez pas de vieilles palabres. ;; Ne déterrez pas de vieilles histoires."

406. Kwangá ku ñtú, mfùmfu ; simbá mu mbõmbó, mënga.

Gratte la tête, la poussière 'tombe ; saisis le nez, le sang s'écoule.

Situation sans issue, ;; Ne savoir à quel saint se vouer."

407. Kwa yendèngí ye ngôngi kwa níkunanga.

Celui qui porte la double clochette, l'agite.

Qui voit le danger fait signe.

408. Kwêndá bôle, vutúka bôle.

Allez à deux, retournez à deux.

409. Kwënda kilêngo, kuvutùka kilêngo.

Aller sain et sauf, revenir sain et sauf.

Souhaiter un bon voyage.

410. Kwëndá kú nsáláfwa, bána mu kwîsa bána musãla.

Le départ des fourmis voyageuses ; tels viennent, d'autres restent.

D'aucuns partent, d'autres restent.

411. Laka di mwîmi muná nzó ngani.

La gorge de l'avare est dans la maison d'autrui.

L'avare est un parasite.

412. Lãmbá búná búlãmbídi mpalá ; gó kulãmbídí bó ko müntú mpala.

Prépare la nourriture comme la prépare la co-épouse, si tu ne la prépares pas de la sorte, tu seras esclave de la coépouse.

Accomplissez bien votre tâche, sinon vous perdez votre situation.

413. Lau diámo Nzãmbí úngëné diâu.

Ma chance, c'est Dieu qui me la donne.

C'est Dieu qui donne le succès à la chasse.

414. Lõndi : yënga, ungá ñtotó.

La colline dit : abîme, donne-moi de la terre.

Demander l'impossible. ;; Demander la lune."

Les riches demandent aux pauvres.

415. Longa ñlëkí ngani kuyika ñtàmbú, gó bákidi mpukú, ngá kú ngéyé sá kagãna é ?

Apprends à un garçon d'autrui comment dresser un piège ; lorsqu'il aura pris un rat, est-ce qu'il te le donnera ?

Ne favorisez pas les autres au détriment des vôtres.

416. Lõngo gó lufwîdi, kizitu kifwîdi.

Si le mariage est rompu, la parenté par alliance disparaît.

Si la relation principale disparaît, les relations dépendantes disparaissent également.

417. Lõngo lukáku ka lúsúkã kõla ko.

Le mariage est un piège à clôture avec des rameaux sans nombre.

Une fois marié, on doit toujours se montrer prévenant envers ses beaux-parents.

418. Lõngo tùka wúna ñgogó yékúná mátãnda.

Le mariage depuis les paroles jusqu'à l'accord.

Si la femme se brouille avec son mari, la séparation s'impose.

419. Lubaká mbwá, lutèndá ñkàndá, ngá kúná kútüka mbwá ka kuna mbãngu ko é ?

Vous prenez le chien, vous l'écoutez, et là d'où vient le chien n'y a-t-il pas de gens adroits ?

Ne croyez pas ceux qui justifient leurs fautes par des prétextes.

420. Lubaká mfuki, tuyünsa malõsa mó bána bankongo.

Prenez la civette mfúki, nous allons éprouver les belles qu'emploient les chasseurs.

„Être le bouc émissaire." A l'homme vil la corvée."

421. Lubaká ngó, luezengá ñtú údîdi ngulu. E bú lúzénga ñtú, ngá ngó zisúkidi é ?

Prenez le léopard, coupez la tête qui vient de manger le cochon. Quand vous avez tranché la tête n'y a-t-il plus de léopard ?

Le mal est indéracinable. Composez :„ En sa peau renard mourra."

422. Lufuma lú nsusu ntàngu ándi nkõkila.

Le chagrin de la poule vient le soir.

Les orphelins sentent leur misère le soir

423. Lufwa lúfwá mánkéwa : ku ñkú mú ñtãmbu, ku ñkilá mú ñtãmbu.

C'est la mort des singes : la tête est dans le piège, la queue est dans le piège.

Etre pris de court. „Ne savoir à quel saint se vouer."

424. Lufwá ka luvúmínã mfúmú ko.

La mort ne respecte aucun chef.

La mort appelle riches et pauvres.

425. Lukaku lu ndandukila lufwá mbãmbi.

Le piège à clôture que l'on fréquente finit par tuer l'iguane.

Qui ne cesse de commettre le mal, finira par tomber dans une grande palabre.

„Tant va la cruche à l'eau qu'à la fin elle se brise."

426. Lukãmba kó ! múná múyéndá ñkulu mú túlãnda.

N'est-ce pas ainsi ? Là où l'ancêtre est allé nous le suivons.

Suivez les traditions ancestrales.

427. Lukáyá lúdiãnga ngudí nkõmbo, í lûná mpí lúdiãnga mwãná nkõmbo.

La verdure que la mère chèvre mange, c'est celle aussi que le chevreau mange.

„Tel père, tel fils."

428. Lukendá ñtí, kõnsó ku ukwënda ku sódi.

Abattez l'arbre, où qu'il aille il tombera dans le champ.

Résignation devant n'importe quelle situation." Faire de nécessité vertu."

„Néces-sité fait loi."

429. Luku lu tíya ye makáyá má tíya ka bítómã ndïla ko.

Le pain de manioc qui est chaud et les condiments chauds ne vont pas bien ensemble.

Le bien et le mal ne vont pas ensemble.

430. Lukutu-kútu mu ñwá báñkaka.

Le champignon lukútú-kútu n'est bon que dans la bouche des autres.

Le travail d'autrui nous semble souvent plus facile que le nôtre.

431. Lumbu ífwa sá iziamina nkama maláfu.

Le jour de ma mort je serai enterré avec beaucoup de cruches de vin de palme.

Le riche peut se procurer un bel enterrement.

432. Lûnda mfuká nkulu

Conserver une dette ancienne.

Se venger tôt ou tard. „ Mémoire du mal à longue trace.''

433. Lungwéni (lu) bwîdi mu zulú ba, nwá ntûtu.

Le caméléon vient du haut du palmier avec la bouche ouverte.

Rester bouche bée.

434. Lungwéni ñtí kálëngulä (nga) wú kámátä (nga)

Le caméléon monte sur l'arbre qu'il lorgne.

Le voleur regarde l'objet qu'il veut dérober.

435. Lungwéní tûkidi mu nkalu maláfu.

Le caméléon sort de la calebasse de vin de palme.

Applicable à quelqu'un qui parle lentement ou calomniateur.

436. Lusuki lúnkufi ye ñdá ka bákúlã ko.

Le petit cheveu et le long ne croissent pas ensemble.

Payer les objets selon leur juste valeur.

437. Lutõndó lú yá Lëngi, mbëlé mu nsí kívúmu.

L'amour de cher Flatteur : il a un couteau près du ventre.

Le flatteur se montre aimable, mais son cœur est rancunier, „Tel semble être bon par dehors qui sent mauvais par dedans."

438. Lulüngú lúndwëlo ngansi muna káti.

Du petit poivre piquant à l'intérieur.

Petit mais fort. „Petit de taille, mais grand de cœur."

Petit mais colérique.

439. Luvila gó lufwinana ka bákwëlánã ko.

Si le clan-souche est apparenté, on ne s'entremarie pas.

Le mariage endoclanique est prohibé.

440. Luzëyé gaga yîdi ye gaga fûngidi ?

Savez-vous en quel endroit on a tout brûlé et en quel endroit on a brûlé à moitié ?

441. Luzitu lu mwâna mu nzó tâta ye mâma.

L'estime de l'enfant est à la maison des parents.

Variante : Kukümba ku mwâna, tãtá ye mama ku lümbu.

L'enfant est estimé lorsque les parents sont à l'enclos.

Après la dissolution du mariage, l'enfant est répudié.

442. Luzitú úfwété kizítísa ngé mósi.

Le vrai respect doit commencer avec le respect de soi-même.

Variante : Zitá ye luzitasaná.

Respecte et on te respectera.

Qui se respecte sera respecté des autres.

443. Lwãngá lúbëlá kínóni, i gagá tóbóka, i gagá sãla, keti gé ?

L'abcès dont souffre la fourmi, s'il s'ouvre, que reste-t-il de la fourmi ?

Le pauvre n'est pas à même de beaucoup donner.

444. Lwënda ye ñlëngí mbímba, kènsi ka lwëndí yé mfílúmúná mákõnki ko,

Accompagner un homme compagnon sûr, mais n'accompagne pas un avaleur de boules de manioc.

Fiez-vous à un homme probe mais pas à un homme rapace. Il ne faut pas se confesser au renard."

445. Madiá tudîdí : gela kisélá kiáku, kivumu ka kísótókã ko.

Nous avons mangé : cueille tes feuilles de manioc, le ventre n'est pas perdu.

On n'a jamais fini de se nourrir.

446. Magüngá má ñtú nkayi : mësó ukimwëna, makutú ukiwíla, diãná ngãngú záku zikukônda.

Les cornes de l'antilope nkáyi : de ses propres yeux on les voit, de ses propres oreilles on les entend, à moins que tu sois sans intelligence.

Se montrer incapable de comprendre une chose évidente.

447. Makàsí má kifwá-ngâmbu.

La colère de celui qui tombe en syncope.

La colère commence lentement ,on tombe brusquement.

448. Ma katîna ñkwënó sisa, ma katônda ñkwènó vwîsa.

Ce que le prochain évite, laisse-le de côté ; ce que le prochain désire, prends-le.

Pour plaire au prochain il faut éviter ce qui déplaît, „Ne fais pas à autrui ce que tu ne voudrais pas qu'on te fît.”

449. Makelá máná sí mámána.

Les balles finiront.

Tâche ardue

450. Makiá má kûma séki, nsusú kadiá, ngämbi kamina nkeniá.

Au retour du jour l'oiseau seki cri :„kyá-kyá-kyá !”, la poule mange, la perdrix avale des grains.

On arrange les différends au moment opportun (cf.376). „Il y a un temps pour tout.”

„Chaque chose en son temps.”

451. Makínú má ñkúlú müntu ka mágékámä ko.

La danse du vieillard ne dure pas longtemps.

Respectez la faiblesse des vieillards.

452. Makoká mbwa mënda ku mfúmú ándi.

Ce que dérobe le chien, porte-le à son maître.

Qui encourt une palabre doit s'adresser au responsable du clan.

453. Makõndá má baka ndé : ngümbi íntátikidi.

Faute de prendre du gibier, tu dis : la perdrix m'a piqué.

„Les excuses sont faites pour s'en servir.”

454. Kakoso dîdi wûnú, kilumbu ki kúdia ka kisúkídi ko.

Kakoso a mangé aujourd'hui, mais la journée qu'on doit manger n'est pas terminée.

Manger une fois ne suffit pas, il y a encore d'autres jours qu'on doit manger ; il faut penser au lendemain.

455. Makúkú mátátú máyîlá, ka mámõle ko.

Trois supports (litt. : morceaux de termitière) font cuire le pot, pas deux.

Ce principe est appliqué aux trois lignées du clan (ngúdí tátu)

456. Makútá má kãnda bakútánánãnga muna kãnda.

La monnaie du clan est rassemblée à l'intérieur du clan.

 L'amende encourue par un membre du clan est payée par tout le clan.

457. Makutú káni ma kúdidi ka málútã ñtú ko.

Même si elles poussent, les oreilles ne dépassent jamais la tête.

Les jeunes ne prévaudront jamais en présence des anciens.

458. Makútú má ndóki keti mawá ? Maséna muna tíya.

Les oreilles de l'ensorceleur entendront-elles ? Elles s'ouvrent sur le bûcher.

Le malfaiteur qui fait la sourde oreille aux bons conseils s'en repentira trop tard.

„Après la mort du médecin."

459. Makutú kawã kõdi ko.

Les oreilles n'entendent pas deux choses à la fois.

460. Makútú mõlé mátómá wîlãnga müntu, ka didímósí ko.

L'homme entend bien avec deux oreilles, pas avec une seule.

Qui n'entend qu'une cloche n'entend qu'un son

461. Makwëbo ukotèle mu nsí.

Makwebo est arrivé dans la région.

Se dit lors d'un grand personnage ou d'un trouble-fête.

462. Malafú ka bálündísã mó kú nzó ñsóngi ko.

Le vin de palme n'est pas conservé dans la maisonnette du tireur de vin de palme.

On ne dépense pas les cadeaux chez le donateur, de peur qu'il ne les reprenne.

463. Malafu nkínísi ñkwîdí.

Le vin de palme fait danser le veuf, la veuve.

„Le vin noie les chagrins."

464. Maláú mámêngi, nitú bibwênsi.

Trop de chance donne des pustules au corps.

Trop de succès attire l'adversité.

465. Mãlú kúku, ñtú kú Mputu (cf.992).

Les pieds sont ici, la tête est en Europe.

Le blanc qui réside en Afrique a laissé son cœur en   Europe.

466. Mãlú mafwété lwála gó tomene diãta ye bikókóló biwêtama.

Les pieds doivent se blesser s'ils marchent trop avec des chaussures serrantes.

L'injustice n'est pas supportée indéfiniment.

467. Mälú mávündä ñwá ka úvündä ko.

Les pieds se reposent, la bouche ne se repose pas.

Après un voyage on raconte ses aventures.

468. Malüngá i mwâna, magabúka ka mwâna ko.

Un enfant complet est un enfant, un enfant mutilé n'est pas un enfant.

Tout ou rien.

469. Mãmá mbi, mú nséké kêle.

Ta mère peut être laide, mais elle va en brousse pour travailler

On ne désavoue pas ses proches à cause d'un défaut.

470. Ma momóna kiülá, ma momóná kigála.

Ce dont souffre le crapaud (est) ce dont souffre le lézard.

Supporter les mêmes misères.

471. Ma umóna mbõmbi, ma móná kigála.

Ce dont souffre l'iguane est ce dont souffre le lézard.

Cf. 470.

472. Mamá úbuta bóle wakâbula tõndó.

La mère qui a engendré deux enfants a partagé son amour.

Au sein d'une même famille les divergences ne saurait manquer.

473. Mãmbu kunata ntinu, kánsi nzïmbú ku nzó zi bámvwãma.

On tombe prestement dans les palabres, mais l'argent est dans la maison des riches.

Encourir une palabre ne coûte rien, mais en sortir coûte cher.

474. Mambulú ma bádia, mansoná ma balûmba.

On mange les fruits mambúlu, on conserve les fruits mansóna.

On liquide les choses de moindre valeur, on conserve ce qui a plus de valeur.

475. Mämbu ma nkánda kwé gógï ko magogá nkadi, buná úyindimina ngá si ugógá diâu.

Les affaires du clan n'en parle pas n'importe comment; réfléchis d'abord et parle ensuite.

On ne divulgue pas les affaires du clan parmi les étrangers. " Il faut laver son linge sale en famille." „Il faut tourner sept fois sa langue dans sa bouche avant de parler."

476. Mãmbu ma makubwïdidi ngéyi ukizólélé mâu.

Les palabres dans les quels tu es tombé, tu les a voulues toi- même.

Tu as reçu la monnaie de ta pièce. „Tu n'as que ce que tu mérites."

477. Mamóná mbwá, ku mbûndú máfwïla.

Les souffrances du chien sont entrées dans son cœur.

On ne parle pas à tout le monde de ses peines.

478. Mampási mábuta makièsi.

Les souffrances engendrent le bonheur.

Le bonheur ne s'acquiert qu'au prix de souffrances. „Après la pluie, le beau temps.

479. Mamvwetá gó makugêngele ngonda impa.

Si les guêpes s'écartent de toi, c'est qu'il y a une nouvelle lune.

Le malheur qui me frappe aujourd'hui peut vous frapper demain. „Rira bien qui rira le dernier."

480. Mandongó maké, makizäyila mêngi mu mbündu.

Peu d'enseignement, beaucoup de savoir par soi même dans leur cœur.

Il ne suffit pas d'apprendre, il faut réfléchir.

481. Má nsiési ye má ngó bafinana mpáka.

Commère Gazelle et compère léopard se querellent.

Applicable à une querelle entre l'oncle maternel et son neveu, ou l'intelligence l'emporte sur la surface.

482. masá fukú ka fúku kilúta kilúta.

L'eau coule en bondissant et ne cesse de couler.

La vie s'écoule irrésistiblement. „Tout passe."

483. Masa kaländi lúntãndu, müntu dimóya kabóngi wãu.

L'eau ne coule pas en amont, un homme raisonnable ne la puise pas.

Le mariage endoclanique est prohibé; le mariage exoclanique s'impose.

484. Masá kalêki, nzämbi úñtuma kwënda.

L'eau ne dort pas, Dieu lui a commandé de couler.

On n'agit pas contre sa nature. „Chassez le naturel, il revient au galop."
On ne change pas la nature."

485. Masálá nsëngó ma bámbûmbu.

Les retards au travail de la houe fait la nourriture des vers . Le travail tardif ne produit pas.

486. Masa má kimpólóngoóso káni ye mvûnzu bú ména, nza nwá.

L'eau de la cavité, même si elle est trouble, viens boire!

Se contenter de ce qu'on a sous la main „Faute des grives, on mange de merles"

487. Masá má mbidi, gó makúbidi, mbidi ka ziyá ko.

L'eau dans laquelle on bout les noix du **kibidi**, si elle est trop chaude, les noix ne seront jamais bouillies.

La violence est mauvaise éducatrice. „On prend de mouches avec du miel qu'avec du vinaigre."

488. Másá má nwa mbwá : kiãkú kiãkú, kingani kingani.

L'eau que boit le chien dit : le tien est le tien, ce qui est à l'autre est à l'autre.

„Chacun pour soi.”

489. Másá máteka mpãngi áku masúká kiwïna.

L'eau que puise ton frère (ta sœur) enlève l'envie de boire.

Il ne sied pas de se laisser servir par ses proches. „On n'est jamais mieux servi que par soi-même.”

490. Másá má tiyá kwáni ka máyókä ñlédi ko.

L'eau bouillante ne brûle pas le pagne.

Ne pas avoir peur des épreuves.

Une bonne punition est utile pour les enfants. „Qui aime bien châtie bien.”
Qui aime son enfant n'épargne pas la verge.

491. Másá máyábá lúmpúngú-mpungu ka mä ká másúki.

L'eau que puise la libellule n'est jamais épuisée.

Nos palabres sont sans fin.

492. Masókóló má múnsi mása mankála ye mángóla baeëyé mäu.

Les nœuds (du filet) au fond de l'eau, les crabes et les silures les connaissent.

Les villageois savent tout ce qui se passe dans leur entourage.

493. Mateká mbutá masúká kiwïna.

L'eau que puise l'adulte coupe la soif.

Le cadet ne peut pas se laisser servir par l'aîné.

494. Matutu má nzo mvwé nzó utimä mâu.

Les souris de la maison, c'est le propriétaire de la maison qui les chasse.

„Il faut laver son linge sale en famille.''

495. Matutu ñdiwi ntängú múkúfwäna.

Les souris mangent toujours au moment propice.

Attendre le moment opportun. „Tout vient à point à qui sait attendre.”

496. Mamvweta mákõnda kikutú.

Des guêpes sans nid.

Applicable aux gyrovagues.

497. Mbadi vwïdi nkümbi ándi madiõkó kádïla. Ngeyé ndé : twënda kunzo mämá kúnina lukú tudïla (cf. 1161).

Ton camarade a pris un rongeur pour manger avec son manioc. Toi tu dis :
allons à la maison maternelle pour manger du pain de manioc.

Laisser jouir chacun de ses droits et de ses avantages. „Comme on connaît
les saints, on les honore."

498. 'Mbaki lëlo, müngwa nkádi.

Aujourd'hui tu as pris du gibier, mais le sel est mauvais.

On ne peut pas avoir tous les bonheurs à la fois. „Toute médaille a son
revers."

„Chaque vin a sa lie."

499. Mbãla keti mbóngi é ?

L'écureuil mbula, est-ce le chat sauvage **mbongi** (a) ?

Ne confondez pas les valeurs. „Il ne faut pas mélanger les serviettes et les
torchons."

500. Mbãmbá gó umbukwéne ñkilá, ngãnsi úñkudikidi.

Si tu coupes la queue de serpent **mbãmba**, tu l'irrites davantage.

Envenimer la situation. „Jeter de l'huile sur le feu."

501. Mbâmbi mfwá-mátu káwã má bátá ko.

L'iguane, ayant les oreilles sourdes, n'entend pas ce que l'on dit.

„Il n'y a pire sourd que celui qui ne veut pas entendre."

502. Mbatá mbutá káni ku lumónso kuyámina.

La gifle donnée par un adulte, même si elle vient de la main gauche, fait
mal.

Le jugement d'un homme expérimenté a toujours plus de poids.

503. Mbèfó fwá káfwa ndé : ngãnga mbàsi.

Le malade est moribond, tu dis : le guérisseur viendra demain.

Vaines promesses. „Après la mort du médecin."

504. Mbëdi indwëka yâya nkesi kuna mbündu.

Le couteau avec lequel mon frère aîné m'a blessé laisse l'amertume dans
le cœur.

L'injustice engendre la rancune.

505. Mbëdi imfúbálá básâsila nzau.

Ne le jetez pas, car ce couteau émoussé on s'en est servi pour dépecer un
éléphant.

Tout sert à quelque chose.

506. Mbëdi isósa ñsóngi máláfu, nänsi mu ñwá ándi mú yina.

Le tireur du vin de palme cherche son couteau, mais il est dans son boche.

„Chercher midi à quatorze heures.”

507. Mbëdi kilwëka vutúla muna bàya.

Le couteau avec lequel on se blesse, remets-le dans la gaine.

Omettez la vengeance.

508. Mbëdi túsé tódi.

Un couteau à deux faces.

Un hypocrite. „Un homme à deux faces.”

509. Mbëmba káni diëngéne-diëngéne, kündulú muná mfuma.

Le vautour a beau errer partout, son perchoir est sur le faux cotonnier.

On revient toujours à son village natal. „Chaque oiseau trouve son nid beau.”

„Un lièvre va toujours mourir au gîte.”

Tout le monde retourne à Dieu.

510. Mbiyá kádêki.

Une perle noire, servant de monnaie, un sou il la fendait.

C'est un grippe-sou. „Il tondait un œuf.”

511. Mbëndi gó lengele mpïmpa kitukidi tutu.

Quand le rat **mbëndi** se promène la nuit, il devient une souris.

On se montre sous son plus beau jour chez des étrangers. „Ange au dehors, diablesse à la maison.”

512. Mbëndi úfwila mu kiyãngi ki mwâna.

Le rat **mbëndi** est mort (en cherchant) des noix pour son petit.

Une trop grande sollicitude est nuisible.

513. Mbëndi di káfwïlänga kiyängi ki mwâna.

Ce qui fait périr le rat **mbëndi** est son affection pour son petit.

L'amour maternel ne compte pas les dangers.

514. Mbëndi luvündu mvúlá ntété kámóná lo.

Le rat **mbëndi** ne se repose qu'à la saison des pluies.

Entre tiraillé par les hommes. „A l'homme vil la corvée.”

515. Mbëndi ye ñkúsu ye kalabónga ka baléndi kótá ñwá mósi ko.

Le rat **mbëndi** et le rat **ñkusu** et le lézard ne peuvent pas entrer dans le même trou.

Des personnes qui ne se comprennent pas ne sont pas faites pour vivre ensemble.

Comparez : „Inconnu méconnu.” Vivre comme chien et chat.”

516. Mbila ku lümbu : keti idiá, keti ikãngàma, keti itumwá?

On m'appelle à l'enclos du chef : est-ce pour manger, est-ce pour être enfermé, est-ce pour être envoyé?

Entre dans l'incertitude.

517. Mbïngu ñlêke ka bábákä yó mbáká zóle ko.

Les prémices du jeune, on ne les prend pas deux fois.

Les bonnes choses ne se répètent pas. Ainsi : „Un âne ne choppe pas deux fois sur la même pierre."

518. Mbisi i bádiä i mfumu, biyisi ku nzilá.

Le gibier qu'on mange est au chef, on jette les os dehors.

Le chef est mieux traité que les sujets.

519. Mbisi i bési-'Nlõndo, besi-'Nlondo bakúla; mbisi i bési-kisînsi, besi-kisînsi bakúla.

Le gibier qui se trouve sur le terrain des habitants de **Nlondo,** les habitants de **Nlondo** le pourchassent; le gibier qui se trouve sur le terrain des habitants de **Kisins**i, les habitants de **Kisinsi** le pourchassent.

Chacun doit régler ses propres affaires. „Chacun son métier, les vaches seront bien gardées."

Le propriétaire du sol possède tout ce qu'il contient. „L'accessoire suit le principal."

520. Mbisí ínkulu ka bádïlá yó lúku ko.

On ne mange pas de manioc avec de la vieille viande.

Ce qui est démodé est laissé de côté. Comparez: „ On ne met pas du vin nouveau dans les vieilles outres" (Matthieu 9,17)

521. Mbisí kúsûmba, ka kúntëlo ko.

La viande on l'achète, on n'en parle pas

522. Mbisí ndé : kudiá ko, nlõngó yína, kãnsi mwãmbá ndé : í wó údiänga.

De la viande tu dis : en manger est interdit, mais de la sauce tu dis : je la mange.

Se contredire soi-même.

523. Mbisí nkima ngiáku.

La viande de singe que tu manges est votre affaire.

Être responsable de sa folie.

524. Mbisí zäkulu zigógá kwándi, gó mónó mbulu, ndé : é wá, mbulú gógele.

Tous les animaux peuvent parler, quand moi, chacal j'ouvre la bouche, on dit : écoute, le chacal a parlé.

Être un souffre-douleur, bouc-émissaire (cf. 999).

525. Mboma ndõngo fwá kisiwúka kintómbo.

Le python meurt pendant la saison sèche et ressuscite pendant la saison des pluies.

Des palabres peuvent recommencer après avoir été tranchées. „ Déterrer de vieilles histoires."

526. Mbongi-ngãngu kunímá kásälänga.

Qui a la sagesse vient souvent en dernier lieu.

„ Les derniers seront les premiers" (Matthieu 20, 16).

527. Mbõngó fulú-fulu dikwênda dikwîsa.

La richesse est comme de lécume qui va et vient.

La richesse est instable. „ La fortune est capricieuse."

528. Mbõngó nsúkí zí ntuzibwa ziména.

La richesse est comme les cheveux de la tête qui tombent et repoussent.

Cf. 527. „ La fortune est capricieuse."

529. Mbõngo zi bêno zi nsingá mí nkôngi ka míkútúkä ko.

Votre richesse ressemble aux fils des fibres d'ananas qui ne se défont pas.

Être avare. „ Vous tondriez un œuf." „ Qui prie le vilain se fatigue en vain."

530. Mbinika ndála, kimóníká nkátí ko.

Je suis vu par la feuille extérieure, je ne suis pas vu de l'intérieur.

On est vu du dehors, mais le cœur reste caché.

531. Mbota ku kúmvwïlá ngólo ko, monó nsedi-nsédi yu úkwísí vwïlá ngolo.

L'arbre mbota, on n'a pas la force pour l'abattre, moi l'arbre nsedi-nsedi, tu as de la force pour moi.

On peut être fort dans un domaine mais faible dans l'autre.

532. Mbulú uyénda yungána

Le chacal s'en va errer.

Se dit d'un vaurien.

533. Mbumba bu kéná gó ko, matutu biyísí mákóka.

Lorsque le chat est absent les souris prennent les os.

Au village sans chef, l'anarchie est roi. „ Le chat parti, les souris dansent."

534. Mbumbá ndungu, binsu ikwënda bîngi.

Je suis un tas de poivre, les pots où je vais sont nombreux.

Avoir beaucoup de palabres à régler, des services à rendre.

535. Mbundu kimbutá nsõngo.

Le cœur de l'homme responsable souffre des douleurs d'enfantement.

La responsabilité entraîne des soucis.

536. Mbundu mbutá mbundu nzáu.

Le cœur du chef est comme le cœur de l'éléphant.

Qui porte des responsabilités doit pouvoir beaucoup supporter.

537. Mbundu mbutá fúku difwété gétúkíla bitoto bímbi ye bimbote.

Le cœur du chef est comme le fumier sur lequel on jette les restes bons et mauvais.

Cf.536.

538. Mbündu müntu fukú dí bítóto.

Le cœur humain est un tas de déchets.

L'homme doit devoir beaucoup supporter.

539. Mbündu mÜntu ka nkútú ko ngá útá yâu kokó.

Le cœur humain n'est pas un sachet dans lequel on enfonce la main.

Le cœur humain a ses secrets.

540. Mbutá kabwä kigämbála ko, ku sietumúka.

L'ancien ne fait pas de faux pas, mais une glissade.

On ne rit pas des maladresses des anciens.

541. Mbutá kabwä kígämbála ko, ngá makunsi nzèfo é ?

L'ancien ne fait pas de faux pas, sa barbe est-elle un poteau ?

Le chef peut aussi commettre une erreur. „Il n'y a pas si bon cheval qui ne bronche."

542. Mbutá kangëndi mwämbá ko, nkõsika ñlembó kazëyé yó ko é ?

L'ancien ne peut pas prendre la sauce, ne sait-il pas courber le doigt ?

L'incapacité d'un Chef explique son échec.

543. Mbuta kända siná di nkõmbu dizãnzúlwa ku binkómbó-nkombo.

Le chef du clan est comme la mère-chèvre, les petites chèvres sautent sur elle.

Le chef porte les soucis des siens.

544. Mbuta kända siná di nsusu, bana bánsu gó baméte kúbwéle.

Le chef du clan est comme la mère-poule, si les poussins montent sur elle, elle les secoue.

Cf.543.

545. Mbutá kavwäta ngünga, mawidikila ka mä ko.

Le chef porte une clochette, ce n'est pas là le bruit qu'on perçoit.

Se dit pour corriger des erreurs dans le discours de l'orateur.

546. Mbutá kawïla ñlêki, ñlêki kawïla mbutá.

Le vieux doit prêter oreille au jeune et le jeune au vieux.

L'entente s'impose entre jeunes et vieux.

547. Mbuta makända kásigúlwá gá mfókólo ko.

Le chef clanique n'est pas mis dans un pli du pagne.

Traitez le chef avec honneur. „A tout seigneur, tout honneur."

548. Mbutá mbúta, ñlêki ñlêki.

L'ancien chez l'ancien, le jeune chez le jeune.

Ce qui concerne les anciens ne concerne pas les jeunes.

549. Mbútá müntu fündidi nkatá nsatú kúfu yiná yándi.

Le chef qui est assis désire être salué.

Cf.547. „A tout seigneur, tout honneur."

550. Mbúta müntu kikíñléndänga kúfi.

Le chef ce qui le dompte c'est le salut d'honneur.

Cf. 547. „A tout seigneur, tout honneur."

551. Mbutá, zitisá ñlêke, ngá kákúzítísa.

Ancien, respecte le jeune si tu veux être respecté.

552. Mbutá, zitisá ñlêke; ñlêke, zitisá mbutá.

Ancien, respecte le jeune; jeune respecte l'ancien.

Le respect réciproque s'impose entre jeunes et vieux.

553. Mbwá ámo mónó mvwîdi, keti sí yetolokíla yo külu é.

J'ai mon chien à moi, est-ce que je vais me casser la jambe pour lui ?

On n'agit pas contre ses propres intérêts. „Charité bien ordonnée commence par soi-même.

554. Mbwá bákusa mpëmbá ye ndóbo.

On enduit le chien -fétiche de caolin et de terre brune.

Il faut farder les fétiches de chasse pour attraper du gibier.

555. Mbwa bankèwo mu bankèwo káfwïla.

Le chien parmi les singes meurt parmi les singes.

„En jouant avec le feu on se brûle." „Qui aime le péril y périra."

556. Mbwá bátábula.

Ils sont comme des chiens qu'on a lâchés.

Applicable à la jeunesse grandissante qui circule à travers le village.

557. Mbwá batumá tiya.

C'est à un chien qu'on a commandé le feu.

Tarder à venir.

558. Mbwá bu kání kámína ko kiyisí, lusimbá ganá laka.

Si le chien n'a pas encore avalé l'os, prenez-le par le gosier.

„Mieux vaut prévenir que guérir."

559. Mbwá bu káni kálúka ko, ukisímbíla ganá laka.

Si le chien n'a pas encore vomi, prends-le par le gosier.

Cf. 558.

560. Mbwá búná káfündána, lumbu ki kiämbu ki kímósi.

Quand le chien boude, le jour viendra où il y aura palabre.

Grommeler entre les dents est de la vengeance.

561. Mbwá di kádïla nsãsa masúká má mbündu.

Si le chien mange des excréments, c'est par désespoir.

Le désespoir accule les hommes au pire.

562. Mbwá dïdi mãki, kitalulu kiyúlukidi.

Le chien qui a mangé des œufs, son regard a changé.

Le malfaiteur se trahit par son regard. „Le crime ne paie pas."

563. Mbwá gó kwêmi kulakumbidi, mbomá sí kamína.

Si le chien continue à trop pourchasser le gibier, le python l'avalera.

Tant va la cruche à l'eau qu'à la fin elle se brise."

564. Mbwá wúna ga gáta kávwätá ñlélé ko, nsïsi útünga ku mfïnda bwé ká vwätíla ñlelé.

Le chien du village ne porte pas de pagne, comme le rongeur **nsîsi** du bois porterait un pagne.

Pourquoi demander l'argent au pauvre ?

565. Mbwá ílódílä ka ítátíkä ko.

„Chien qui aboie ne mord pas.

566. Mbwá kaléndí bútílá gá mbídí bäntu ko.

Une chienne ne peut mettre bas parmi de nombreux spectateurs.

On ne désavoue pas publiquement ses défauts.

567. Mbwa kikúdi, yängi di kúndia.

Le chien chasseur est tué par son ardeur.

„Qui trop embrasse mal étreint.''

568. Mbwá lélé mú ñlámbú ziku mbündu kuna biyisi.

Le chien qui repose près du feu (a) son cœur (tourné) vers l'os.

Convoiter un objet à distance.

569. Mbwa mälú máyá kaländá nzilá zóle ko.

Le chien à quatre pattes mais ne court pas deux chemins à la fois.

Faire deux choses à la fois est impossible., ,, on ne peut être à la fois au four et au moulin.''., Il ne faut pas suivre deux lièvres à la fois.''

570. Mbwá nzilá yiná kálákáma i yiná káfwila.

Le chien meurt sur le chemin qu'il parcourt.

,,On meurt comme on a vécu.''

571. Mbwá muná gátá dingani ñkilá ulámpamene ; müntu muná gátá dingani kafwéti kiyõnda.

Dans le village d'autrui le chien a la queue basse (entre les jambes) ; dans le village d'autrui l'homme a le comportement modeste.

Soyez discret chez les étrangers.

572. Mbwá ukizîngidi, mbundú kuna kiyisi.

Le chien est calme, son cœur est tourné vers l'os.

Demander des jeux.

573. Mbwãtá mu kónkó mú kônko, mafwãlá mu kónkó mú kônko.

Chaque grande calebasse dans son coin, chaque bouteille dans son coin.

Tout à sa place.

574. Mbá wakémbila mfumú ándi.

Le chien se montre joyeux devant son maître.

Les inférieurs montrent leur joie à la venue du chef.

575. Mbwetéte itêmuka, buká ñtú, mwâ !

A chaque apparition d'une étoile, écrasons une tête, mwâ !

Refrain rythmé d'un jeu d'enfant servant à animer les participants.

576. Mbwisu mbündu kabú dimbóté kábákánga.

Avec un cœur patient on prend de bonnes choses.

,,La patience vient à bout de tout.''Patience passe science.''

577. Mënga mamósi ka bákwéléná ko.

On ne se marie pas entre gens du même sang.

Le mariage endoclanique est prohibé.

578. Mésó má mbólóngo, ga lôngá túmónénéné.

Nous sommes comme les yeux de l'aubergine, nous nous rencontrons sur l'assiette.

Nous sommes tous des étrangers, ne nous en prévalons pas, puisque nous sommes dans la même situation.

579. Mësó nkátu, nsoni nkátu.

Ni yeux, ni honte.

Un dévergondé ne respecte rien.

580. Mësó nkúta, mãlú kwênda.

Les yeux craignent, les pieds marchent.

Ne pas se laisser arrêter par les difficultés.

581. Mfínda kusádílá ko, kuléndí nátíná yó ñyéndi ko.

A la forêt où tu ne travailles pas, tu ne peux pas porter de hotte.

Celui qui revient de la forêt d'autrui avec un panier rempli doit être un voleur.

582. Mfúmu ándi zitú mbwa.

Son maître est l'honneur du chien.

Le chef fait l'honneur de ses sujets.

583. Mfumú kadiá ngúlú kútú dímósi ko.

Le chef ne mange pas un cochon qui n'a qu'une seule oreille.

„Qui n'entend qu'une cloche n'entend qu'un son.''

584. Mfúmú kíbúla ngánga yûnga.

Un excellent chef est un expert de renom.

Un chef excellent est consulté partout.

585. Mfumú ngó, makedí bäntu.

Le chef est comme le léopard; ses taches sont ses hommes.

Un chef doit avoir beaucoup de sujets pour être prospère.

586. Mfumú nzündu, kákógä búkáká ko.

Le chef est comme le marteau, il ne parle pas seul (le marteau ou l'enclume ne rendent de son que lorsqu'on frappe).

Le chef ne parle pas pour rien.

587. Mfündi idiá, mfündi itubá gá nsí kiändu.

Je mange un morceau de pain de manioc, je pose un morceau de pain de manioc sous la natte.

Leçon de prévoyance. „Abondance de bien ne nuit pas.''

588. Mfündi nkabilá ka ímänä ndüngú gá tádiko.

Le morceau de pain de manioc que l'on donne n'épuise pas le poivre sur la pierre.

Travailler au lieu de mendier.

589. Mfusí ñtãmbu mu ñtämbú miándí kádïla, ñsongi maláfu mu malafú miándi kádïla.

Le dresseur de pièges vit de ses pièges, le tireur de vin de palme vit de son vin de palme.

Chacun vit de son métier. „Il n'est si petit métier qui ne nourrisse ses maîtres."

590. `Mfuti mfuka úkängálänga, ñte mbîdi kákängálä ko.

L'endetté qui paye sa dette s'en va librement, celui qui refuse (de la payer) ne s'en va pas librement.

Qui paye ses dettes se libère de bien des soucis. Comparez : „Qui paye ses dettes s'enrichit."

591. Mfwá nsa ye nsandukúlu, i makólo má-ma.

Qui souffre de marcher traîne le pas, ses pieds font ma-ma (=onomatopée).

Le mal ne peut pas rester caché.

592. `Mfwe nzála katëtá nkändi ko itüngúka.

L'affamé ne casse pas la noix de palme convenablement.

„Ventre affamé n'a pas d'oreilles."

„C'est la précipitation qui gâte les affaires."

593. `Mfwïlú ntãngu i mvidilú mbõngo.

Le temps s'en est allé, on perd l'argent.

Qui perd son temps, perd l'argent. „Le temps perdu ne revient pas."

594. Mintadi-ntadi mintwãdi nsängu.

Les spectateurs curieux divulguent les rumeurs.

Méfiez-vous des curieux.

595. Mõló kalëmbwá bwïfi ko, ñte bizúmba kalëmbwá nkïndú ko.

Le paresseux n'omet pas de voler, l'adultère n'omet pas de se quereller.

Les défauts pervertissent l'homme.

597. Monó i gèbá, kinängisä ko.

Je suis comme la rivière gêba, je ne laisse pas attendre les gens pour passer.

Être expéditif.

598. Monó i kigèti, ikûmbila tíya.

Je suis (comme) l'arbrisseau **kigêti**, je répands partout de feu.

Un messager de malheur.

599. Monó i kigèti, tiyá túyila.

Je suis (comme) l'arbrisseau **kigêti,** je suis habitué au feu.

Être habitué aux malheurs.

600. Monó i kimbimbi, mukugogá ifwété timúka.

Je suis comme la caille, pour parler je dois sauter.

Agir selon sa nature. „On ne change pas la nature.

601. Monó i lukayá, kinduku ki méné-mene.

Je suis (comme) la feuille, l'amitié du grand matin.

Se dit d'une amitié passagère qui dégénère en discorde.

602. Mono i Mbumba Lwãngu, idiá imáná kwámo.

Je suis (comme) Mbumba Lwãngu, je mange, je ne laisse pas de restes.

N'omettez pas de partager avec les autres.

603. Monó i mpadi, gana kúmiti gá ngíná.

Je suis comme l'écureuil **mpádi,** je me trouve sur la saillie de la branche.

Rendre un témoignage objectif.

604. Monó i mvunzi, muñsáfú ilëkä, lukaya lú ñsafu kidiá ló ko.

Je suis comme l'oiseau **mvunzi** qui se repose dans le safoutier; je ne mange pas les feuilles du safoutier.

Un étranger installé sur un terrain d'autrui peut employer le proverbe pour dire : „J'habite ce terrain, mais je ne l'ai pas pris.''

605. Monó i mwãna ndwëló ísála, ku batângila ngãngu kikálá kó ko (Cf. 114).

Je reste un petit enfant, là où l'on obtient l'instruction je n'étais pas présent.

Sans introduction des anciens, les jeunes n'acquièrent pas la sagesse.

606. Monó i nsesi, kolo dinkufi.

Je suis (comme) le rongeur **nsîesi**, qui a une courte patte.

Incapable d'accomplir un travail.

607. Monó i nzènzé, kifúsilä kúndá ko.

Je suis (comme) le criquet, je ne creuse pas profondément mon trou.

Je sais me contenter de peu.

608. Monó ka bákúntómbólúlä nkõfi ko, mingingi.

On ne me sert pas d'épinards, mais des nervures.

C'est toujours moi qui suis la dupe.

609. Monó kiyéndá kwámó kúná yëmbá ko.

Je ne suis pas allé à la mortuaire.

Je suis sans nouvelle.

610. Monó kisengele, imoná mãmbu ku lúkuni.

Je suis une hache qui souffre à cause du bois.

S'user dans son travail.

611. Mónó kókó ku káni ngïsa, malafú má itákósósi.

J'avais l'intention de venir là-bas, je suis en train de chercher du vin de palme.

En voyant entrer le créancier, le débiteur proteste qu'il est sur le point de le satisfaire.

612. Monó mfwidi lukatikáti lúfwa solokoto.

Je suis perdu comme un oiseau **solokoto** qui est mort au piège.

Je suis à bout de ressources.

613. Mono mpakása ifwá mesó, mu kumaki nkïndú zénó ikwëndänga.

Je suis (comme) un buffle à l'œil abîmé, à cause de mon intervention dans vos disputes.

Celui qui intervient dans les disputes des autres en caisse les coups.

614. Monó ye kingândi ndulu mú mbisi.

Moi et un tel, nous sommes comme la bile dans l'animal.

Nous sommes deux amis inséparables, „deux têtes dans un bonnet."

615. Mpadi ñnwá kásósa kakóta, bu kakéngidila kintùku.

L'écureuil **mpádi** cherche un trou pour y entrer, lorsqu'il regarde attentivement il voit le trou d'un rat.

On rejette ce qui ne nous convient pas.

616. Mpádi zóle zinwänänga muna bulu, yiyi tátu yiyi tändúlänga.

Deux écureuils **mpá** se battent dans le trou, un troisième les sépare.

Un différend entre deux personnes est arrangé par une troisième.

617. Mpakasa kuvwïdi ko kuléndi gändilá yó ñtéte ko.

Pour le buffle que tu n'as pas, tu ne peux pas tressé ce panier pour emporter de la viande.

Ne comptez pas sur ce qui ne vous appartient pas. „Il ne faut jamais vendre la peau de l'ours qu'on ne l'ait mis par terre."

618. Mpalakata ka tóko ko, mpasi mbängu kaleyisa.

Le célibataire étourdi n'est pas élégant, au moins sert-il à allonger le rang.

Etre un bouche-trou.

619. Mpãnda kunima müntu.

Le crime poursuit l'homme.

Le crime ne cesse de peser sur celui qui l'a commis. „Le crime ne paie pas."

620. Mpese gana mbidi bánsusu kena ye ngóloko.

Le cancrelat au milieu de beaucoup de poules n'a pas de force.

Un seul contre tous ne peut rien.

621. Mpiluka mpiãngu, mpiluka mpêti.

Passer de l'autre côté, passer derrière l'arbrisseau **mpêti**.

Se contrefaire.

622. Mpingi gó kótele mu kidiãdi, ngá ukitúka ngoni é ?

Si le petit rat **mpingi** entre dans le roseau, est-il devenu un rat **ngoni** ?

„L'habit ne fait pas le moine."

623. Mpíngí ífútúmúna bangoni

Le petit rat **mpíngí** réveille les grands rats **ngoni**.

Les petits peuvent effrayer les grands.

624. Mpíya útõndä mabete.

Le petit oiseau mpiya aime les vallées.

On aime habiter là où l'on est bien.

625. Mpõnda mputú ka mbakúlu ko.

La ceinture européenne ne donne pas de profit.

Un ornement extérieur ne nous enrichit pas.

626. Mpõnda mvwête mu luketó ka íwátákána ko.

La ceinture que je mets aux hanches ne me va pas.

Ne pas s'accorder avec une certaine compagnie.

627. Mpõngó bu kálóká yo, ndïngá mbútá báwänga.

Ceux qui mettent le fétiche **mpõngó** en action sont fidèles à la voix du vieil initiateur.

628. Mpõngó kañdiá muana, kikumá keti nkí ?

L'esprit **Mpôngo** a fait périr mon enfant, pour quel motif ?

Proverbe employé lors d'une mort inopinée.

629. Mpôngo ugukumúna maseki.

L'oiseau mpôngo séduit les oiseaux seki.

Séduire une personne et la laisser à elle-même. „ Tirer son épingle du jeu."

630. Mpukú gó ilútidi, keti sá uyïngása nkandá ?

Si le rat a passé, vas-tu mettre encore la nasse ?

Une occasion ratée reste ratée. Comparer : „Fermer l'écurie quand les chevaux se sont échappés"

631. Mpukú índwëlo, lusèndi lundwëlo.

Un petit rat a besoin d'une petite broche.

Tel objet, tel prix. Telle affaire, tel jugement.

632. Mpukú kakõndwá ku mbúmba.

Le rat se laisse difficilement prendre par le chat.

Être sur ses gardes. Comparer : „A bon chat, bon rat."

633. Mpukú zísáká bálêke, binga bambúta.

 Les jeunes chassent les rats, les vieux se mettent à l'affût pour les battre.

Les vieux règlent les différends des jeunes.

634. Mpukú ugúlukila kunima sînda, müntu dimõyá ugúlukila kunima mpati ye ngãnga.

Le rat se sauve derrière l'herbe, l'homme raisonnable se sauve derrière le possesseur et le devin.

Qui est dans le besoin demande l'aide d'hommes expérimentés.

635. Mpüngú gó kútwéle, mbakidi, gó kênge, kibáká ko.

Quand l'esprit tuteur **mpûngu** délie, je prends du gibier, quand il lie, je n'en prends pas.

Les humains dépendent des décisions du **mpûngu,** esprit protecteur du village.

„L'homme propose, Dieu dispose."

636. Mpütá ñwa, tufiná tuná utabúla, tuná umina.

Une plaie dans la bouche, une partie de pus est crachée, une autre partie est avalée.

Oublier en partie la peine qu'on nous a faite.

637. Mputa bákidi lutaku lumósi, mbidi muna nzila kabadika.

Le pauvre a pris une seule monnaie, il se représente beaucoup de choses en cours de route.

„Bâtir des châteaux en Espagne."

638. Mpwásá ñkála, lemfukilá ngudi ñkála, lumbu ngé sá ukitúka ngudi ñkála.

Petit crabe, obéis à la mère-crabe, un jour, toi aussi, tu viendras une mère-crabe.

Qui obéit se fera obéir.

639. Mu búnkété tútómina.

La propreté nous rend prospère.

Les soins favorisent le bien-être.

640. Mu gátá kinângi gatá di ngé, mankondo ndé : ma ñkëntó ? (cf.148).

Au village du traînard, ton village, les bananiers seraient-ils à ton épouse ?

L'avare enveloppe son refus de faux prétextes.

641. Mukála ndüngú ka múkóndwä nkéfú ko;

Mukála masá ka mú kóndwä mvünzú ko.

Là où il y a du poivre l'odeur ne saurait manquer.

Là où il y a de l'eau la boue ne saurait manquer.

„Il n'y a pas de roses sans épines.

642. Mu kinzadi kulokana nkátu.

Dans la parenté par alliance il n'y a point d'ensorcellement.

L'affinité en ligne collatérale ne constitue pas un empêchement de mariage.

643. Mukukinga-kúkinga mu múfwila kikingá.

L'attente sans fin a causé la ruine de kikînga (village dans les environs de Ndëmbo).

Qui tarde à remplir ses besognes se ruine.

644. Mulünda mbõngó sá ugügàma, mumwanga-mwànga sá usukàma.

En épargnant l'argent tu seras sauvé, en le dépensant tu seras dans le besoin.

Ne jetez pas l'argent par la fenêtre.

645. Mumbatá ye ñkündi ándi.

Le mumbata avec son compagnon intime.

„Qui se ressemble s'assemble."

646. Mu mbündu ámo ka diâu kimóni lúyámbúlúlú.

Dans mon cœur je ne vois pas l'oubli.

Le passé n'est pas oublié.

647. Mumoni mpasi yú útómänga, mumoni máwete yú úbïyänga.

En souffrant, l'un devient meilleur ; en jouissant, l'autre devient mauvais.

La souffrance est souvent plus utile que la facilité. „Sagesse prime richesse."

648. Mu mukwënda ntumbú, mú múlända kisímbá.

Où va l'aiguille, c'est là que suit le fil.

„Tel père, tel fils.

649. Muna mpáká ngwá nkasi ngúlú vwá, yi yikümi yi ngé.

Dans l'étable de l'oncle maternel il y a neuf cochons, le dixième sera le tien.

Confier vos intérêts à un homme expérimenté.

650. Mundelé simu, ngnãga simu.

Le blanc d'un coté de la rivière, le vin de l'autre.

Deux compétences doivent rester sur leur propre terrain.

„Deux coqs ne chantent pas sur le même fumier."

651. Mungu kima kimbote, kãnsi gó usákidi madiá nkadi.

Le sel est une bonne chose, mais s'il y en a trop la nourriture est mauvaise.

La mesure s'impose, même dans les bonnes choses.

652. Mu ñkokú mvünzú yîngi, ndé : munsálá lämbélé külú kwáni.

Dès que l'eau de la rivière est trouble on dit : c'est la crevette qui (y) étendu la patte.

On cherche un même coupable pour chaque ennui.

653. Mu ñtedi nkima kamántanga mpämbá ko, bañkwa-mpáka bakutúngwénéne.

Le singe ne monte pas en vain sur l'arbre , les gens critiques l'ont mis à découvert.

Le menteur est découvert par l'esprit critique des autres.

654. gó kafwïdi-éti ko, kusé kó ná : mvûmbi.

Si un homme n'est pas encore décédé, ne dis pas : c'est un cadavre.

Aussi longtemps qu'un homme peut défendre sa cause, il ne faut pas le considérer comme vaincu. „Il ne faut jamais vendre la peau de l'ours sans l'avoir tué."

655. Muntu gó zólele sumbula kimbi, si kábákámá mo.

Si un homme veut commettre le mal, il sera pris.

On devient esclave de ses mauvais penchants. „Être pris à son propre piège."

656. Muntu í kiãndi, muntú í kiãndi.

Tel homme a ce qui est sien, tel autre a ce qui est sien.

Respectez le bien de chacun.

657. Muntu ka bakúñtóndilá mú kútómá ko.

On ne doit pas aimer un homme pour sa beauté.

L'extérieur de l'homme peut tromper. „Les apparences sont souvent trompeuses."

„L'habit ne fait pas le moine."

658. Muntu kazëyé kúndá ko ye kúnkufi, mbilú lukúfi müntu úkútwälá yâu.

L'homme peut connaître ce qui est lointain et proche, même si la résidence est tout près il a besoin d'un conducteur.

On a souvent besoin d'un guide.

659. Müntu kúsümbá ko mfúmú yáku ; nkëntó kúsümbá ko nkáma.

L'homme que tu n'as pas acheté est libre comme toi ; la femme que tu n'as pas achetée est libre comme toi.

Respectez la liberté d'autrui.

660. Muntu mfumbí í nkwá-nzá mímbi.

L'homme renfermé a de mauvaises mœurs.

„ Il n'est pire eau que l'eau qui dort."

661. Muntú ndwëlo gó unsakanène, sá kakutúka kinkú muná nwa.

Quand tu joues avec un homme qui est petit, il te donnera un coup de poing à la bouche.

N'agacez pas quelqu'un qui est petit.

662. Muntu vwêti kinkutu ki mpêmbi kaléndi zólá ko kayekáma muna kilólo.

Qui porte un veston blanc ne veut pas qu'on le suspende à l'arbrisseau kilólo qui est calciné

On prend soin de ses biens.

663. Müntu ye kitätá kiándi, müntu ye kiyäyá, (müntu) ye ki mama kiándi.

L'homme avec le clan paternel, l'homme avec le clan des grands –parents, l'homme avec le clan maternel.

Chacun a sa propre origine, L'étranger ne doit pas s'ingérer dans les affaires du clan.

664. Mu nzila éto ka banátá bízítu ko.

Sur notre chemin, on ne porte pas de charges.

Qui n'a pas de charge à porter peut, en prononçant ce proverbe, se moquer d'un homme chargé.

665. Mvilá yí mäkulu, ntângú yigôndele mambu.

La perte de tout, c'est le temps qui a détruit les affaires.

Le manque de temps peut faire perdre la palabre.

666. Mvulá inoká, ikiá.

La pluie tombe, cesse.

„ Après la pluie, le beau temps."

667. Mvulá áku yîna ikunókína, ikukiêla.

C'est ta pluie à toi, qu'elle tombe sur toi, qu'elle cesse pour toi.

Tirez-vous d'affaire vous-même. „ Chacun pour soi."

668. Mvúlá ítîna ngându, ku nseké ndé ; kú nseke ; ku masá ndé : ku mása.

Le crocodile fuit la pluie ; il sera aussi bien mouillé dans la brousse que dans l'eau.

„ Tomber de fièvre en chaud mal."

669. Mvulá ka ítóbúlä müntú máwündú ko.

La pluie ne blesse personne.

Une bonne punition ne peut faire mal.

670. Mvula kanda kinóka ka yâ ka ikié.

Au village du clan, la pluie ne cesse de tomber.

Avoir des palabres interminables.

671. Mvulá unókina ganá nzó áku, ka kú nzó ngání ko ; gó ku nzó ngani, sá ufwá nzala.

Quand il pleut, abrite-toi dans ta maison, pas dans la maison d'autrui ; si tu t'abrites dans la maison d'autrui, tu pétitas de faim.

On reste maître chez soi, mais pas dans la maison d'un autre. ,, Charbonnier est maître chez lui."

672. Mvwá kiâni mbuta, minkolomuna mbõmbó nléke.

Celui qui possède est l'ancien celui qui baisse le nez est le jeune.

673. Mvwmá muna búmvwämá bwándi, mputu muna bumpútú bwándi.

Le riche avec ses richesses, le pauvre avec sa pauvreté.

Chacun doit se contenter de son sort.

674. Mvwanzilá nsusu, gógo kávwänzilä.

Sale poule, là où elle mange, elle laisse ses ordures.

Se dit d'un ingrat. ,, Vilain oiseau que celui qui salit son nid."

675. Mvwé nsusu mbubilú kádiä (cf. 1152).

Le possesseur de la poule en mange la viande blanche.

Le possesseur a droit aux meilleurs morceaux.

676. Mwana kilengo mesó nsoni ka zíköndwä ko.

L'enfant au regard limpide n'est pas exempt de honte.

Aucun homme n'est parfait. ,, Il n'y a si bon cheval qui ne bronche." ,, Il n'y a femme, cheval ni vache qui n'ait toujours quelque tache."

677. Mwaná bálónga mu nzilá zandu.

On donne des conseils à l'enfant sur le chemin du marché.

Donner un conseil à quelqu'un, qui vaut pour tout le monde.

678. Mwaná búta, kasánsa ko.

Mets l'enfant au monde, ne l'éduque pas.

Il ne suffit pas de procréer, il faut éduquer.

679. Mwaná bwêki nsukí kiumbu kú mfúmú gata.

Quand les cheveux de l'enfant (malade) roussissent, le chef du village en porte la faute.

Le chef est responsable de tout ce qui arrive à ses sujets. ,, Mieux vaut prévenir que guérir." ,,Gouverner c'est prévoir."

680. Mwaná gó tóbwéle disu di tâta, kena mú nkánú ko ; tatá gó tóbwéle disu di mwâna, mú-nkánú kéna.

Si l'enfant crève l'œil du père, il n'est pas passible de jugement ; si le père crève l'œil de l'enfant, il est passible de jugement.

Les adultes portent la responsabilité de leurs actes, mais non les enfants.

681. Mwaná kibútíla, zandú kitêla (cf. 1165).

L'enfant que tu as engendré va pour toi au marché.

On ne se laisse pas servir par les enfants d'autrui, mais par les siens. „ On n'est jamais mieux servi que par soi-même."

682. Mwaná longilá mu binganá.

Éduque l'enfant par des proverbes.

Les proverbes ont une valeur éducatrice.

683. Mwana-mása di bakúnátínä mokó möle, luzitu.

On porte le bébé des deux mais par respect.

Respectez tout homme, si petit qu'il soit.

684. Mwana-másá gógele diambu mu nwá mbútá káwïdídi.

Le petit enfant qui parle d'une affaire, l'a entendue de la bouche de l'adulte.

Les enfants divulguent les secrets des grandes personnes.

685. Mwana-másá kwäta mbélé, yingása kibasá.

Ôte le couteau au bébé, remplace-le par une petite branche de palmier.

Ne laissez pas jouer les enfants avec le feu.

686. Mwaná mbwá únïmbänga mu mbelá ziku bilumbu bi zändú kátängänga.

Le petit chien qui sommeille auprès du feu compte les jours du marché.

Chacun reste préoccupé par ses intérêts, malgré les apparences contraires.

687. Mwaná mfuka káfwä ko.

L'enfant donné en otage (pour satisfaire à une dette) ne peut pas mourir.

Tant qu'une personne reste aux mains de son gagiste, celui-ci doit prendre soin d'elle.

688. Mwaná néte ntu nkéwa kilumbu sá kanáta ntu muntu.

L'enfant qui apporte la tête d'un singe, un jour apportera la tête d'un homme.

L'enfant qui commet de petites fautes en commettra de grandes s'il n'est pas corrigé. „Qui prend un œuf finira par voler un bœuf."

689. Mwaná ngani ka bakúnniétikinä mfündí tiyá ko.

A l'enfant étranger on ne donne pas de pain de manioc chaud.

Respectez les enfants d'autrui.

690. Mwaná ngani, nsämbila kudié ko.

C'est un enfant étranger, tu demandes : ne mange pas.

Se montrer chiche envers les étrangers.

691. Mwaná ngo katïnä mátóná má sé diándi ngó ko.

Le petit léopard n'a pas peur des taches de son père.

Les proches n'inspirent pas de répugnance.

692. Mwana ngúlu batwäla ku butuba.

On conduit le petit cochon vers le marécage.

Dès son jeune âge on doit s'habituer à l'effort.

693. Mwáná-nkëntó bútidí gá zandu ndé ; ka lunté nkënda ko. A bakulu bóbákútala bá ngé nkútu é ?

La jeune fille qui a engendré sur le marché dit : ne divulguez pas la nouvelle. Mais tous ceux qui vous regardent sont-ils absolument vôtres ?

Un secret public ne saurait être gardé. ,, C'est le secret de polichinelle.''

694. Mwaná-fikënto ka nsoso ko tuyika nkokó miäkulu.

Une jeune fille n'est pas une nasse que nous plaçons dans tous les ruisseaux.

Une fille a droit au respect et ne doit pas être cédée au premier venu.

695. Mwaná nkombo kani kakóla ko ndé : nludi nzó útóbókélé, a bu sákakóla, si nki sá kikála ?

Le chevreau n'est pas encore fort, tu dis : le toit de la maison est déjà troué, et quand il sera fort, qu'en sera-t-il ?

Ne prenez pas vos précautions trop tard. ,,

696. Mwana nlêmfu údiänga, mwana nkólámi kádiä ko.

L'enfant obéissant mange, l'enfant désobéissant ne mange pas.

L'obéissance est récompensée, la désobéissance est punie.

697. Mwaná nsa kulóngila muna mînga.

Le petit de l'antilope nsá apprend à courir parmi les éteules.

,, C'est en forgeant qu'on devient forgeron.''

698. Mwãná nsúsú yélele yé ngúdí ándí, nkinsí mindwelo.

Si le poussin grandit avec sa mère, c'est qu'il y a peu de fêtes.

Les hôtes abusent souvent des ressources d'autrui.

699.Mwãná úfwila mu nkátá ngúdí ándi, ninga dindwelo.

L'enfant mort au sein de sa mère cause peu de tristesse.

Variante : Mwaná úfwila mu nkátá ngúdí ándí, kidilu kinndwelo.

L'enfant mort au sein de sa mère cause peu de pleurs.

Le propriétaire qui endommage ses propres biens n'en fera pas grand cas.

700.Mwãná úgênda ngudí kayémä mabêno ma nkäká ándi.

L'enfant privé de sa mère suce les seins de sa grand-mère maternelle.

Dans le besoin on recourt aux siens. „ C'est dans l'adversité qu'on reconnaît ses amis."

701.Mwãná úníkúnänga ku kiându, gó ka kinséku ko, nsómbokila.

L'enfant qui s'agite sur la natte, si ce n'est pas une punaise qui le mord, c'est une puce.

Tout mécontentement à sa cause. Supprimez la cause, vous supprimerez l'effet.

702.Mwãná úsákánänga musósa ngulu kutwïlá kázêye.

L'enfant qui aime à passer son temps en cherchant le cochon, connaît l'élevage !

Nos inclinations naturelles déterminent notre vocation. „ Comme on s'accoutume, on s'en va." „ Qui jeune n'apprend, vieux ne saura."

703.Mwãna kiyângi ngudi ándi nkwîdi.

L'enfant turbulent fait de sa mère une veuve.

L'enfant qui se méconduit est une source de tristesse pour ses parents.

704.Mwãna yângi, yängí díkúndia.

Un enfant frivole se perd par sa frivolité.

Qui joue avec le feu s'y brûle les doigts. „ Qui sème le vent récolte la tempête."

„ Qui aime le péril y périra."

705.Mwãná úyülä kadia kinlöngo ko.

L'enfant qui interroge ne mange pas de pot défendu.

Qui demande conseil évite les erreurs.

706.Mwifi lútãmbi ka bákúmbákä ko.

On ne prend pas le voleur à cause d'une seule empreinte du pied.

On ne condamne personne sans preuves.

707.Mwifí mu ngolo úgõnda nkwa-sódi.

Le voleur tue de force le propriétaire du champ.

Forcer la victoire avec violence.

708.Mwîfí ngõngo, kilûnsi kínyá tíya, makutú mangôtuka.

Le voleur invétéré, son front porte les traces du feu, ses oreilles lui sont arrachées.

Un vieux voleur ne peut jamais se défaire de sa mauvaise réputation. „
Bonne renommée vaut mieux que ceinture dorée.”

709.Mwîfí túmbukidi, bampangi zándi basukula nkângu.

Une fois que le voleur est déclaré coupable, ses compagnons rompent
l'alliance.

Si un voleur est reconnu coupable, il ne doit plus compter sur l'assistance
de ses amis.

710.Mwîfí útámbulala, nkõlo mindwêlo.

Le voleur qui avoue reçoit une moindre amende.

,une faute avouée est à moitié pardonnée.”

711.Mwïká múná mwîka, muûntu.

Poil pour un homme.

„ Œil pour œil, dent pour dent.”

712.Na kitádí-kítadi kanátängá diämbu ko.

L'observateur n'a pas de palabres.

Qui garde sa langue évite les disputes, mais le bavard s'attire des disputes.

713.Na Mpângu nkóto, Na Nsûndi nkóto, Na Mbâmba nkóto, náni úkútúla
nkotó nkweno ?

Mpangu porte le chignon de chef, Nsundi porte le chignon, Mbamba porte
le chignon, qui défait le chignon de son voisin ?

Chaque homme est son propre maître, respectez-le.

714.Na Nsá udila Tá Mbängála udila Ná Nsa.

Commère l'Antilope recherche compère l'Été, compère l'Été recherche
commère l'Antilope.

Application à deux personnes qui se recherhent.

715.Na útïna niangá nkufi, lele ga nzila.

Celui qui évite l'herbe courte pour couvrir le toit s'endort sur le chemin.

Qui fuit l'effort récolte la peine.

716.Ndá lêka kuná nzo, utangá mfumba mi nzo.

Va te coucher à la maison et compte les chevrons du toit de la maison.

Réfléchissez sur mes paroles. „ Demandez conseil à votre chevet.”

717.Ndé : ka yá zängá ko fwá widi mfwá

Tu dis : sans cet étang j'aurais trouvé la mort.

On cite le proverbe à une personne qui vous a aidé à sortir d'une grosse difficulté.

718.Ndimbá wúna bungulú-bungulu.

La vallée est froide et humide.

Lieu fertile.

719.Ndimba mi mbongo mílúkítúlä mímbi.

Les vallées sont fructueuses, vous les rendez mauvaises.

Ne faites pas de difficultés au clan qui vous donne ses filles en mariage et qui perpétue votre descendance.

720.Ndimbá míbútänga mbõngo ka báyámbúlä mió ko.

Les vallées qui sont productives ne sont pas abandonnées.

On ne cesse de se marier avec les filles d'un clan prolifique.

721.Ndïngá mbóté ítükisa ngumbi mu nkutú.

C'est la bonne voix qui fait sortir la perdrix du sachet.

Un homme doux gagne facilement la confiance. „ Plus fait douceur que violence.”

„ On prend plus de mouches avec du miel qu'avec du vinaigre.”

722.Ndingá mbuta muná gata kisîmbi kisimbidi mbutú ye mbongo.

La voix du chef au village est comme l'esprit kisîmbi qui soutient les descendants et la reproduction.

On obéit au chef, car il incarne les ancêtres.

723.Ndoki dîdi mvumbi, gatá dilêle, ngyangi têle nkenda, gatá dimwängéne.

Quand l'ensorceleur a tué un homme, le village est en paix, quand le détracteur a lancé une nouvelle, le village se disperse.

La médisance est pire que l'ensorcellement.

724.Ndoki kandiá mwaná, kâ nzemba bäná ko é !

L'ensorceleur a envoûté mon enfant, mais qu'il n'extermine pas tous mes enfants !

Une mère qui vient de perdre un enfant peut demander au clan de rechercher la cause du décès.

725.Ndoki ye ndóki ka ziléndá dïsána ko.

Un ensorceleur ne peut pas manger un autre ensorceleur.

„ Les loups ne se mangent pas entre eux.”

726.Ndólo ku mfinda, tubaka digókí diéto di dínene, kitoto kiéto kisâla, ngátutwala ku longo.

Allons à la forêt prendre un grand fruit de liane, laissons le déchet, puis portons-le à la fête de mariage.

Travaillez ferme pour préparer votre mariage.

727.Ndólo ku Ntumpa ! ndólo ku Ntumpa kú túvútúka !

Allons à la grotte souterraine ! Allons à la grotte souterraine où nous retournons.

Chacun doit retourner au séjour des morts, chez les ancêtres.

728.Ndombí yání ndömbi, mundelé yáni múndele.

Le Noir est un Noir, le Blanc est un Blanc.

Chacun reste ce qu'il est. „ On ne change pas la nature."

729.Ndona Mênga mu kudila kukwîngi mu káfwila mesó.

Madame Menga a perdu les yeux à force de trop pleurer.

Variante : Ndona Mênga mu nkenda zizîngi mu kátébila mesó.

Madame Menga souffre des yeux à cause de son trop grand chagrin.

La tristesse use.

730.Ndónzwau, mampá tútá, mánkulu ka tuyámbúlá ko, mampá ka tuyámbuúlá ko.

Monssieur Jean, nous faisons de nouvelles choses sans oublier les anciennes, sans oublier les nouvelles.

Ne faites pas table rase des anciennes coutumes, sous prétexte de vouloir tout réformer.

731.Nduku zi nsûngi, ntú gá kãnga, mãlú mu zûlu.

La finesse du criquet nsûngi, la tête dans la motte d'herbe, les pattes dans l'air.

Faire la politique d'autruche.

732.Ngadiadia ka bakúndïlängá kú yängí ko.

On ne mange pas le petit cola (qui est amer) à cause de sa saveur.

Ne faites rien par témérité.

733.Ngadiadia mu ñwá tâta.

Le petit cola ngadiadia n'est bon que dans la bouche du père.

Par inexpérience le jeune veut imiter le grand.

734.Ngãngu umvwá yé ñkwëno.

Sois intelligent dans tes rapports avec le prochain.

Un homme intelligent ne se désolidarise pas de son prochain.

735.Ngãndú ziwidi làdimina mãki, ka ntámá ko sa batëta bãná.

Les crocodiles ont couvé les œufs, bientôt les petits vont éclore.

Ce proverbe est applicable aux mauvais blancs qui introduisent leurs mauvais exemples en terre africaine.

736.Ngãngu zizîngi kizoba zikitúlänga.

Trop d'intelligence tourne en folie.

Le génie est proche de la folie.

737.Ngãngu zizîngi wãngila tiãmúka, ngolo zizîngi kitolúla.

Trop de soins gâte le sésame, trop de force le casse.

Une vigilance excessive est préjudiciable. „Il faut garder en tout le juste milieu.''

„L'excès en tout est un défaut.''

738. Ngé malédia mólé méná koku, dimosi kunsi ñledi.

Tu as deux tabatières, une dans la main, une autre sous le pagne.

Un hypocrite.

739. Ngémba nténsiká

La paix superficielle est avec toi.

Les sentiments de votre cœur contredisent vos paroles, „ Tel semble être bon par dehors qui sent mauvais par dedans''

740. Nge ndoki bu udia nga mvumbi, dia kwaku, lumbu udiá mwaná ndwelo, yú útúmbukila

Toi ensorceleur, si tu manges un cadavre d'adulte, mange-le, mais le jour où tu mangeras un petit enfant, c'est lui qui te prendra.

On peut commettre de grand méfait en cachette sans être reconnu, alors qu'une faute anodine trahit le malfaiteur.

741. Ngé ngumbi, bu ukibaka laka, diambú zêye é ?

Toi perdri, tu te déchires le cou, tu sais pour quel motif ?

Le coupable se trahit par sa manière de nier toute culpabilité. „qui s'excuse s'accuse.

742. Ngeti-niansi muna Nkilá ngo.

La mouche sur la queu du léopard.

La difficulté reste

743. Ngé u bamabakilá mbisi binoni.

On doit prendre pour toi, comme la viande qu'on prend pour les fourmis.

Le profiteur se fait servir par les autres.

744. Ngé u dizulú, kúlútã nsusuko.

Tu es comme la mouche tsé-tsé qui importune toujours.

Fourrer son nez partout.

745. Ngé u geko dikinwama

Tu es comme la mouche tsé-tsé qui importune toujours

Etre agaçant.

746. Ngé u kalabonga, bakaka batima Nwa, Nge ngaá si úkota.

Tu es comme le lézard kalabonga, les autres creusent le trou et puis tu y entres

Entre un parasite.

747. Ngé úkikeba, nzambi kakukeba

Surveille-toi, Dieu te surveille

,,Aide-toi, le ciel t'aidera.

748. Ngé úmbukimini kumona nsoni ko, bûna mono nkengéléle yú imona nson é ?

Toi qui as fait contre moi un geste indécent, tu es sans honte, et moi qui l'ai vu j'aurais honte ?

Celui qui provoque son prochain appelle revanche.

749. Ngéyé bú údia kinkolomuna, mwaka mabundu, bakutala.

Toi qui manges tout sans rien garder, quand viendra le temps des récoltes, (alors tu seras vu.

Ne mangez pas toutes vos provisions.

750. Ngeyé ganá ntándu ludimi ugogila, ka kunsi ludimi kugogila ko.

Toi, tu parles au-dessus de la langue, mais tu ne parles pas en dessous de la langue

751. Ngeyé gukala mu kati ndé : ntalu ifwa mâma nzeyé yo.

Tu étais encore dans le sein et tu dis : je connais le prix dotal de ma mère.

Evitez la présomption.,,

752. Ngé lúzala, mú nimá nlembo wuna.

Tu es comme l'ongle derrière le doigt.

Être secondaire.

753. Ngeyé nguka mvinzu

Tu es comme la chenille mvinzu

Être un parasite

754. Ngeyé ngulu umvila mukuvuvula

Tu te fais le propriétaire du porc sous prétexte de l'avoir flambé.

Accepter un objet sous un faux prétexte.

755. Ngeyé nkila ngo, utalanga niansi, kebá

Tu es comme la queue du léopard, tu surveilles les mouches, fais attention.

Veillez sur vos biens

756. Ngeyé u buta utêla ga ntoto

Tu es comme la vipère, tu touches la terre

Etre un parasite, un profiteur.

757. Ngeyé u kisembo ki nsusu mu kolo wuna.

Tu es comme l'épron de la poule, tu es à la patte

Etre à la disposition d'autres ; être subordonné.

758. Ngeyé u kisunia kituka.

Tu t'es plongé le couteau dans les entrailles

Avoir un enfant cause beaucoup de chagrins.

760. Ngeyé u kuluniansi : uyobika moko ku luse, uyobika moko ku níma.

Tu es comme la mouche kuluniansi : tu laves les mains devant le visage, tu laves les mains derrière le dos.

Manquer de sincérité.

761. Ngeyé u malafu, kusweka kingwangudi ko.

Tu es comme le vin de palme, tu ne caches pas l'insecte kingwangudi.

Ne pas garder de secrets

762. Ngeyé u mputu kinoni, u bálu dinkaka.

Toi, tu es une pauvre fourmi, tu es méchante et encore méchante.

Expression pour réprimander quelqu'un.

763. Ngeyé u munsalá, wûnu nki bwakidi ?

Tu es comme la crevette, pourquoi es-tu devenu rouge tout d'un coup aujourd'hui.

764. Ngeyé utá ngo, útóbóla ngó, lulendo keti ná gukugene ?

Toi, tu frappes le léopard, tu transperces le léopard, cet orgueil qui te l'a donné ?

Evitez la présomption et l'orgueil

765. Ngeyé u munsangula kuluti nti.

Tu es comme la chenille munsangula qui ne passe aucun arbre

Etre un parasite, un profiteur.

766. Ngeyé u mwana-nketo,gugondakombo, kusäsi ko.

Tu es une femme, tu mets le couteau dans la chèvre, mais tu ne peux pas la dépecer.

Une femme n'a pas le droit de trancher les palabres.

767. **Ngeyé u mwana nsusu, mu nsala nguba kani kudidi ko, mpasi buna** tiamwené zo kaka.

Tu es un poussin dans un panier d'arachides, même si tu n'en as pas encore mangées, tu les as quand même

Etre coupable, être pris la main dans le sac.

768. **Ngeyé u lunzakimina, wisi kiyoka ku tiya.**

Toi qui temble, viens te brûler au fer

L'accusé ne peut pas examiner son état avec le calme nécessaire.

769. **Ngeyé unikuna nsanda, nsusu kazendi ku mfwengi ko.**

Toi qui as secoué le figuier, prends garde que les poules n'aillent vers la fouine.

Porte les suites d'une faute,, qui casse les verres les paye.

770. **Ngeyé u ngola sukula nkangu**

Tu es comme le silure : tu tires ton épingles du jeu

771. **Ngeyé u ngongolo mfinda, ugoga nguba di busimbi**

Tu es comme le mille-pieds des bois, tu tiens un langage inspiré.

La parole du chef soutient

772. **Ngeyé u nguba fwa, útwadikisa nguba moya.**

Tu es comme une mauvaise arachide, tu entraînes les bonnes.

,, il ne faut qu'une brebis galeuse pour infester un troupeau.

773. **Ngeyé u nkusu, ka basimbi ko kuna kisuka.**

Tu es comme le perroquet, on ne te prend pas la queue

Se dit de quelqu'un qui se met vite en colère lorsqu'on touche à sa personne.

,, il n'y a que la vérité qui offense.

774. **Ngeyé unkwá-nsoki, mu nzo áku, idilanga, kansi kwe-kundandingi kaka.Konso ikwenda mukufwaka ntotó**

Tu es méchant, je mange dans ta maison, mais me poursuit partout pour me jeter de la terre

Poursuivre un ami.,, fiez-vous donc aux amis !

775. **Ngeyé u Nswá, kúlútã lukaya ko.**

Tu es comme la nasse, tu ne laisse passer aucune feuille

Tout accaparer égoïstement, fourrer le nez partout

776. **Ngeye ú Ñteki fumu, uguna Ñzitu aku.**

Tu es comme le vendeur de tabac, tu trompes ton beau-parent

Ne trompez pas votre famille

777. Ngeyé úsika nkedi utatikila dinú, ngá yandi makelá úkwenda kûna mwana ya sasi é ?

Toi qui décharges le fusil, tu serres les dents, penses-tu que les balles qui s'en vont sont l'enfant de sœur Epi ?

Ne pas enfoncer des portes ouvertes.

778. Ngeyé u ntunga kunimá luwá wunina.

Tu es comme le levé, tu es derrière le champignon.

Etre subordonné.

779. Ngeyé útéka ntu nkewo kumona nsoni ko, monó isûmba keti imoná nsoni.

Toi, tu vends une tête de singe sans avoir honte, et moi qui l'achète devrais-je avoir honte ?

La fourberie appelle la fourberie. Rendre à quelqu'un la monnaie de sa pièce.

780. Ngé yu gélele nkeka, malemba nani gélélé mo ?

Toi, tu as cueilli les légumes nkeka, qui donc a cueilli les fruits malemba ?

Applicable au voleur qui a laissé les traces de vol derrière lui.

781. Ngé we vuvula dimbu, nga wisi kungumuna mu nitu zi bêto.

Toi qui vas enduire de glu, viens la gratter de notre corps

Celui qui est tombé dans un palabre doit recourir aux siens.

782. Giénda ku gata di tâta, kiendi ku gâta di bâtata ko.

Je dois recourir au village de mon père, je ne puis pas recourir au village des puînés

On peut compter sur l'aide de son père, mais pas toujours sur l'aide du clan paternel

783. Ngienda ye mvutuka, makolo nkwá-sima.

Aller et retourner, les pieds sont capables de s'arrêter

Les jambes sont fatiguées.

784. Ngó bamona ku lutambi, nkaka bamona ku kikokila

On reconnait le léopard à ses empreintes, on reconnait le pangolin à la trace de sa queue

Le malfaiteur se trahit par son comportement.

785. Ngó bu kéna go ko, nsiesi kiniansala kakina.

Quand le léopard est absent, la gazelle danse le kiniansala ,, le chat parti, les souris dansent

786. Ngó bu kena go ko, nkombo niana ziniana.

Quand le léopard est absent, les chèvres bondissent de joie.

787. Ngógó mosi igoga

J'ai une fois parlé

Je ne me retrace pas

788. Ngó go ukubakidi, kani nsende kutwala.

Si léopard t'a pris, il te traîne même dans le buison d'épines

Le mauvais mâitre fait souffrir ses sujets de mille manières

789. Ngó isala, mwana yu bázika.

Le placenta reste, on enterre l'enfant.

Se dit à l'enfant qui est revêche à toutes les leçons.

790. Ngó ka batitila yo mu nsonsa ko

On ne craint pas le léopard à cause de bruit de ses pattes

Ne pas se laisser détounerner du but par une apparence de danger

791. Ngó kani lêdi, nsânsi nkila ka ileka ko.

Même si le léoprad dort, le bout de sa queue ne dort pas

Un homme puissant reste vigilant.

792. Ngola ga kalekila kilu, ga kakadilanga (cf.134)

Le silure a sa demeure à son lieu de repos

On aime habiter un lieu paisible.,, plus fait de douceur que violence.

793. Ngola go fwidi muna nswa, kayuluka ko.

Si le silure meurt dans la nasse, il ne se retourne plus

On ne revient plus sur le passé, sur les décisions prises

794. Ngola ka bakunsukulwela ko gana kifulu kina bambakidi

On ne lave pas le silure à l'endroit où il est pris

Leçon de prudence

795. Ngola uzola zanga di masá

Le silure aime l'étang d'eau

On aime habiter un village paisible

On aime avoir une grande postérité.

796. Ngolo-ngolo ka kima ko, sa malembe

Beaucoup de force ne vaut rien, agis avec douceur

,, plus fait douceur que violence

797. Ngolo zi ntambu ku sina

La force du piège est à la base

On ne bâtit pas sa maison sur le sable, on bâtit sur le roc (cf. Matthieu 7,24-
27)

798. Ngolo zi ngo ku mfinda, ngolo zi ngandu ku masá

La force du léopard est dans la forêt, la force du crocodile est dans l'eau

Chacun est fort chez soi, sur son propre terrain.

799. Ngoma gana itobokilanga, gá balondilanga

On répare le tambour de danse à l'endroit où il est troué

Avant de régler une palabre on constate le délit sur place.

800. Ngoma ka basikila yo gna ntulu ngani ko

On ne tambourine pas sur le dos d'autrui

Evitez la médisance

801. Ngonda bêla, mono kibedi ko

Lune sois malade, que je ne sois pas malade, moi !

Maudire la lune pour bien être portant.

802. Ngo unkwa-makasi mamêngi, kani mwana kabuta kalendi kundia ko.

Le léopard est très colérique, mais il ne peut pas dévorer l'enfant qu'il a mis bas

Les parents ne délaissent jamais leurs enfants.

803. Ngo zole ka zilenga nsitu mosi ko.

Deux léopards ne se promènent pas dans la même forêt

Deux hommes puissants ne se recherchent pas. ,, deux coqs ne chantent pas sur le même fumier

804. Nguba zipôkele ku bwense, vwa mpangi ukagâna zo.

Les arachides abondent à bwense, il est bien d'y avoir un frère aîné pour t'en donner

Ayez beaucoup de relations.

805. Ngudiaku go umbi, kulendi sosa unkaka ko.

Si ta mère est mauvaise, tu ne peux pas en chercher une autre

Se contenter de ce que l'on a.,, Faire de nécessité vertu'' quand on n'a pas ce que l'on aime, il faut aimer ce que l'on a.

806. Ngudi ndumba kagoga kwani, ngudi toko gana kagoga, si yandi didid longo

Si la mère de la jeune épouse parler il n'y a rien si la mère du jeune époux parle, on l'accuse d'avoir rompu le mariage

N'accusez pas une même et seule personne.

807. Ngulu ka bakundila ku masi ko, malafu ka bakunwina ku nsunga ko.

On ne mange pas la viande de porc à cause de la graisse ; on ne boit pas le vin de palme à cause de son arôme.

On ne fait pas une chose parce qu'elle est agréable. ,, Tout ce qui brille n'est pas or.

808. Ngulu zitomina mbele

La viande de porc est facile à couper au couteau

Etre le bouc émissaire. A l'homme vil, la corvée.

809. Ngulu kikumfutisanga ngulu yandi

Ce qui dévalorise le cochon est un autre cochon

Nos proches nous font souvent le plus de tort.,, on n'est jamais trahi que par les siens

810. Ngumbi itelama masika binénga bivila

La perdri qui s'envole la nuit oublie le village d'antan.

Oublier sa parenté ou de vieille parenté ou de veilles palabres

811. Ngúmbi itotanga nkamu, yi ibakamãnga

La perdrix qui aime picorer l'herbe tendre est celle qui se fait prendre

Nos convoitises nous amènent à des actes répréhensibles

812. Ngumbi mabwa mole kabwanga, di ditatu ntuku

La perdrix tombe deux fois, la troisième foi elle devient un perdreau

Évitez de tomber dans la même faute. ,, une fois passe, deux fois lasse trois fois casse

813. Ngumbi ka batékila yo mu nkutuko (cf 300)

On achète pas une perdric dans un sachet.

Ne pas se laisser roule.

814. Muwumbu mosi ulewusa mbidi bawumbu

Un seul Muwumbu a fait injurier tous les bawumbu

Le discrédit d'un homme retombe sur tous les siens

815. Nwumbu ukwanga mfumu andi kinkaka, nzela kizingu

L'esclave a donné un coup de pied à son maître, c'est pas désir de survivre

Pour se défendre on pose des actesirréfléchis

816. Niakuna kuyitanga kumina nga kulanda

D'abord mâcher, puis avaler

Ne renversez pas l'ordre des choses

817. Nianga ye tiya ka bizolana ko

L'herbe sèche et le feu ne s'accordent guère.

Incompatibilité de deux opposés

818. Nimbi sikama, nsamba ufwila kala mu kilu

Dormeur sache te lever, samba a trouvé la mort dans son sommeil

Leçon de vigilance

819. Nioka mfusukila ta ita

Le serpent avec lequel on ne cesse de jouer finit par mordre

,,n'éveillez pas le chat qui dort.

820. Nioka nsakanana ta ita

Le serpent avec lequel on ne cesse de jouer finit par mordre

,, tant va la cruche à l'eau qu'à la fin elle se brise.

821. Nioka ye kiula ka baleka nwá mosi ko.

Le serpent et le crapaud ne dorment pas dans le même trou.

Eviter la mauvaise compagnie. Comparez : ,, vivre comme chien et chat

823. Nkala mu kisema kikingi mu bansila meso mu ntulu

A cause de sa trop grande vanité on a laissé les yeux du crabe sur sa poitrine

Soyez discrets

824. Nkalu tata go ibudikidi, itongamene.

Quand la calebasse de papa est. Brisée, elle se redresse.

825. Nkami mbamfu ulamba mbamfu, ukutakasa nkalu

Le presseur de bière qui prépare la bière est celui qui rassemble les calebasses

Pourvoir à ses besoins

826. Nkanka di kakeyilanga weye wana mbongi muna mpaka bansusu

Si l'écureuil nkaka crie, c'est parce que la genette s'est introduite dans le poulailler

,, pas de fumée sans feu

827 : Nkanka kakankala, kinkutu kakutumuna

L'écureuil nkanka lie, l'écureil kinkutu délie

Réfuter les fausses argumentations par un témoignage véridique.

829. Nkankala-nkonso nkandi yina ku zulu néte gantoto, yi yinaga ntoto néteku zulu

La souris nkankala nkonso jette la noix de palme qui est en haut par terre, et celle qui est par terre, elle la porte en haut

Application au délateur

830. Nkanki kaminangandu, ngandu kamini nkanki

Le poisson nkanki n'avale pas le crocodile, le crocodile n'avale pas le poisson nkanki

,, les loups ne se mangent pas entre eux.

831. Nkanu kakwenda kuki yaya ko

La sentence judiciaire ne peut pas frapper la parenté consanguine.

La parenté ne doit pas expier à la place d'un de ses membres pour des fautes dont elle n'est pas coupable.

832. Nkasu nsoni ka ubuta ko

Le colatier timide reste improductif

La timidité rend impuisant.

833. Nkata nkamba izingulu mbuta, ka izingula nkeki ko.

Le tas d'anguilles entortillées, l'ancien le démêle, le jeune ne le démêle pas.

Les anciens qui ont l'expérience peuvent résoudre les palabres, mais non pas les jeunes

834. Nkatu kima kikonda kisina

Aucune chose n'est sans origine

Tout ce qui arrive a une origine

835. Nkayi ilutidi, mavunguta masidi

L'antilope nkayi a passé, le bruissement des feuilles persiste

Les actes passent, les conséquences restent.

836. Nkela ku ndumbi, nsakusu ka miyé tiya

Le feu vif par devant, pour que le soufflet ne soit pas brûlé par le feu

Prenez précautions contre le mal

837. Nkele kiongi mu mweló ulédidilanga

Le fusil du mari reste à la porte

Le mari doit toujours veiller à défendre sa maison

838. Nkelele mu zulu, ngeyé gantoto nguba ukuna

La pintade est là haut, et toi sur le sol tu plantes des arachides

,, les murs ont des oreilles.

839. Nkenda kitêmbo

Une nouvelle est divulguée comme le vent

Les nouvelles volent de bouche en bouche

840. Nkenda ngansi yi ikanganga nzila

Le fait d'avoir abattu des arbes précipitamment barre le chemin

C'est la précipitation qui gâte les affaires

841. Nkengi nsobuta udianga, nkengi ntala kadia ko

Quand Nkengi travaille, elle a toujours à manger ; quand Nkengi regarde, elle n'a pas à manger

L'on vit de son travail, mais le paresseux n'a pas de quoi manger

842. Nketo ubuta ngununu ku mwana

La femme qui enfante se sert de l'enfant comme prétexte=.

Abuser de sa situation pour obtenir une faveur. Les excuses sont faites pour s'en servir

843. Nketo ukwela mbwadi bakwelululanga mwana ubuta mbwadi ka balumbutulula ko

On peut marier la femme du beau-frère (en secondes noces), mais on ne réenfante pas l'enfant du beau-frère

Il ya emprêchement au mariage entre un homme et la file issue d'une union antérieure de la femme

La vie est irréversible

844. Nkila nzangi unkufi, wu u beto bantu unda

La queue du singe nzangi est courte, celle de nous autres humains est longue

On peut être mieux traité dans le clan paternel que dans le clan maternel.

845. Nkindu zisakanga baleki zi kotananga bambuta

Les rixes des jeux d'enfant continuent chez les adultes

Les disputes des enfants continuent souvent chez les parents

846.Nkodi ifwa bakomanga, yi yimoya ka bakoma yo ko

On bourrre la coquille du limaçon qui est mort, on ne bourre pas la coquille du limaçon vivant

Tant que le chef reste en vie, il peut être remplacé par un autre.

847. Nkokoto wuntu mwimi

L'avare crispe la main

L'avare ne donne rien

848. Nkombo koko ibebumukanga, i i nkento imekanga

Le bouc bêle (à sa façon), la chèvre bêle (à sa façon)

On agit selon sa nature et selon son tempérament. Chacun parle comme il a appris.

849. Nkombo kufwa kikuma, ngulu kikuma, lélo muntu dimoyo

Il faut un motif pour tuer une chèvre, un motif pour tuer un cochon, à plus forte raison pour tuer un homme vivant

Ne puissiez personne sans motifs

850. Nkombo mfwé nsoni imana bitendi

La chèvre honteuse mange les poivriers

,, il n'est pire eau que l'eau qui dort. Aussi : ,, l'occasion fait le larron.

851. nkonga nzambi, nzala nzambi

Etre dénué de dieu, c'est la faim de Dieu

Nous sentir dépourvus de Dieu est désiré Dieu.

852. Nkokobolo ka kima ko, mpasi ntelo nkenda

Un rien du tout ne compte pas, mais il est bon de raconter qu'on a reçu quelque chose

Je n'ai rien de spécial à vous donner

853. Nkoko nkumanga, unga kwano didi ngé, mono ikugana kwaku didi monó

Variante : Nkonko-nkumanga, unga bwamodi, mono ikuga kwaku di

Arbre nkonko nkumanga, donne-moi le tien, je te donne le mien

Refrain rythmeque d'un jeu d'enfants exprimant un échange équitable

854. Nkonso kisa, ngolo kimpakasa

Fais un effort, tu auras la force du buffle

Le pareusseux doit faire un effort pour chasser la paresse

855. Nkuba nkatu, kimbwa ki béti

Peine perdue à chercher le rat kimbwa dans la vallée

N'entreprend rien qui soit au-dessus de tes forces.,, selon le vent, la voile.

856. Nkuba nkatu, ngyenda kizoba

Peine perdue, c'est un voyage fou.

Perdre sa peine

857. Nkuku go gogélé, mvula yi lunsonso kwani, kansi go bandibandi di mvula, nsodia iseka nsoko ba

Si l'oiseau nkuku chante, il annonce la pluie modérée, mais vienne une pluie battante, il cache le bec dans la branche du palmier

Les petites palabres se règlent facilement, mais pas les grandes

858. Nkulu fwa tuwana, nkulu zingu ka tuwana ko.

Nous rencontrons le vieux qui meurt, nous ne rencontrons pas le vieux qui reste en vie

Nous devons tous mourir

859. Nkulu ukusisila kinsu, buna kibudika, mwana ndangi

Le vieux a laissé un pot s'il casse c'est un sujet d'excitation.

Prenez soins des objets qu'on vous a confiés

860. Nkunga ka wa ko kansi bitólo

La chanson n'est. Pas difficile mais les strophes

Parler et comprendre sont deux choses différentes.

861. Nkusu keti sa bankitula ngulu,

Fait-on d'un rat un porc ?

Ne confondez pas les choses. ,, on attelle pas ensemble l'âne et le cheval.

862. Nkusu unkwa-mwêmfu i gana nzingu andi mbuta

Le rat nkusu qui a un sifflet de chasse est maître sur son propre terrain

On est maître chez soi mais pas ailleurs. ,, charbonnier est maître chez lui.

863. Nkutu (ku) tûnga, ka kunanika ko

Le sachet, on le tricote, on ne l'étire pas

Prenez soin de votre travail

864. Nkutu sunga di nsita banyimina nkila

Parce que la taupe nkutu avait envie de manger, on lui a coupé la queue

Eviter l'empressement

865. Nkutu zowa nkumbu mosi bata yo koko

Dans le sachet d'un sot on ne met qu'une fois la main

On ne se laisse pas tromper deux fois. ,,

866. Nkwa-kieléléka katombola ku mbansa, nkwa-luvunu kakokama ku mbeni yen kadi-mpemba

Que l'homme véridique monte vers le village du chef, que le menteur soit entraîné par l'ennemi et le démon.

Que la vérité soit victorieuse, que le menteur soit puni. ,, le menteur ne va pas loin.

867. Nkwangansi kakanga funda ko, dikangama

L'homme colérique ne peut pas lier un paquet de sorte qu'il soit bien fermé

Un homme colérique gâche son travail

868. Nkwa-mêno kayéyila mo ko.

Celui qui a des dents n'en rit pas toujours

Le propriétaire n'est pas toujours le bénéficiaire.

869. Nkwa-mpaka kito kiandi kwendila ga gembo di mfumu.

La cuisse du querelleur est portée sur l'épaule du chef

Le querelleur finit par se battre et laisse au chef le soin de le ramasser.,, chien hargneux a toujours l'oreille déchirée.

870. Nkwa-ngangu ka kisema ko.

Un homme intelligent ne se vante pas

,, A bon vin point d'enseigne.

871. Nkwa-ngansi yokélé nzo andi, bu sa katunga yo nani sa untuma ?

L'homme colérique brûle sa maison, lorsqu'il la reconstruira qui est-ce qui va lui donner l'ordre ?

Un homme colérique fait de la casse partout

872. Nkwa-nkama yé nkwa-fundu ka bazolana ko

Le propriétaire de cent et le propriétaire de mille ne s'aiment pas

Deux richards se jalousent.,, la richesse ne fait pas le bonheur. ,, plus on boit, plus on a soif. ,, Qui a bu boira.,, l'appétit vient en mangeant

873. Nkwa-nkento mbuta, kimoko nsombukila zi nkatu

L'homme qui a pris femme est maître, le bavardage est comme les puces qui piquent pour rien

Se procurer le nécessaire vaut mieux que bavardages inutiles.,, Trop parler nuit.

874. Nkwa-nzimbu kakikûdi, nkwa-nwa kakigogila

Le riche ne se rachète pas, l'orateur ne se défend pas

On a toujours besoin d'un autre.

875. Nkwa-nzungu yi nkwa-mayuma, nkwa-lutantu yi nkwa-bungudi

Celui qui a la marmite est le querelleur, celui qui a l'inimitié est l'homme affectueux

Il y a des querelleurs qui partagent volontiers, il y a des gens aimables qui sont rancuniers

876. Nkwa-tekila sa kasala kunima, nkwa-sala kunima sa katekila kuntwalá

Celui qui précède restera derrière, celui qui reste derrière précedera,, beaucoup de premiers seront derniers, et les derniers seront premiers (Marc 10,31)

877. Nkwa-wasi wêle ye ngansi ; koko kêle nga ku kayébakila nlembo é?

Le lépreux s'en est allé en colère ; là où il va, est ce là qu'il va chercher son doigt ?

Celui qui tourne le dos au médecin ne sera pas guéri de sa maladie. Qui veut la fin veut les moyens

878. Nlandi mbêla ukitika taba na zwa.

Celui qui suit la vengeance a le pagne en morceau

La vengeance appelle la vengeance.,, tel est pris qui croyait prendre.

879. Nlandi mâmbu bambutaba basisa wâu.

La poursuite du procès, ce sont les anciens qui l'ont laissé

La coutume n'admet pas qu'un procès reste indéfiniment en suspens

880. Ntêke go kumvwidi ko, kuntumi mpuku ko ye kumbakila ngansi ko.

Si tu n'es pas maître du jeune, ne lui commande pas d'apporter des rats ou ne te fâche pas contre lui.

Chacun est maître de ses propres enfants.

881. Nlêke keti kasika ngoma ko, mbuta kakinina yo ko.

Si le jeune ne joue pas au tambour, l'adulte ne danse pas

On a souvent besoin d'un plus petit que soi.

882. Nlêke mwâna vweti nkanda mbala, lukaku ngudi-nkasi usisa lo.

Le jeune neveu qui porte la peau de l'écureil mbala le piège de son oncle

On hérite légitimement les biens laissés par la famille directe

883. Nlêké zêye sukula moko udilanga mesa ma mbuta.

Le jeune qui sait se laver les mains mange à la table des vieux

Les enfants polis sont admis dans la compagnie des anciens.

884. Nleke, zitisa mbuta, ngatu si guseka

Jeune, respecte le vieux, tu pousseras peut-être (un jour) un cri d'alarme

Il ne faut pas compter sur l'assistance de quelqu'un qu'on ne respecte pas.

885. Nlele nsompa ka ufulikila makinu ko.

Le pagne emprunté ne donne pas pleine satisfaction à la danse

L'emprunteur se sent moins rassuré que le possesseur.

886. Nlelé umbote bitaba : kinsu kimbote bimênga ; nkalu imbote bitutu, muntu umbote nlendi

Le bon pagne tombe en loques ; la bonne marmite en tessons ; la bonne calebasse devient une calebasse usée ; l'homme intègre une victime

Le temps détériore tout.,, des ans, l'irréparable outrage

887. Nlêmbo bu uya tiya, mu nwa usanga

Quand tu as brûlé le doigt, mets-le dans la bouche

Celui qui a des difficultés doit aller chez sa parenté.

888. Nlêmbo mfumu kani wele ku dîsu, kuvumbula ko

Même si on fourre le pouce du chef dans l'œil, ne le tourne pas

N'envenimez pas les choses. Il ne faut pas jeter de l'huile sur le feu.

889. Nlêmbo mu nitu, ka mu kibaka ko.

Le doigt va sur le corps de l'homme, mais pas sur le mur

On accuse toujours un homme déterminé.

890. Nlêmbo wébaka nsombi wégega

Le doigt qui va prendre la larve nsômbi s'agite doucement

,, la patience vient à bout du tout.

891. Nlêmbo umosi ka uteta nguba ko

Un seul doigt n'ouvre pas l'arachide

Seul on est faible.,, l'union fait la force

892. Nlômbo mvula wesîsisa mwana ga mpambu

L'approche de la pluie fait abonner l'enfant sur le carrefour

La menace nous fait perdre la tête.

893. Nlômbo lusonga mu nlêmbo, tungama lutungama.

Vous montrez la colline du doigt, c'est que vous allez construire.

On tourne les regards vers l'objet de ses désirs. ,, où est ton trésor, là aussi sera ton cœur (Matthieu 6,21)

894. Nsadi indie

Le travailleur mange du fruit de son travail

Pas de profit sans labeur.,, Rien sans peine.

895. Nsadi umosi, ndié mimbidi

Un seul travailleur, beaucoup de mangeurs

Les parasites profitent du labeur des autres.

896. Nsafu lômba, ana zola yo, bwa yé nta (cf 186)

Un nsafu mûr, si tu veux l'avoir, laisse-toi tomber avec la branche,, rien sans peine

897. Nsafu mbote ibwidi ga kifulu kimbi

Une bonne prune est tombée dans un mauvais endroit

Un homme de bien peut s'égarer. ,, tout le monde peut se tromper.

898. Nsafu mukufwa, mingani ka mukuyinga ko

Les prumiers dépérissent, il n'y en a pas d'autres pour les remplacer

Si les anciens n'apprennent pas les coutumes aux jeunes, celles-ci tomberons en oubli

899. Nsafu ngani ukala gana nzo aku, go nzo ngani, nsingu inda

Que le prunier amer soit près de ta maison, s'il est près de la maison d'autrui, il faut un long cou.

On critique aisément chez les autres ce que l'on n'a pas soi-même. ,, la critique est aisée, et l'art est difficile

900. Nsafu tâta ka uyila magumba, nde : ntungululu kuna ziku di tiya.

Pour que le fruit mauvais du nsafu de papa puisse être mangeable, il faut le mettre près du feu

Toute accusation doit être examinée devant la cour de palabres

901. Nsafu tudia ka u bêto ko, u nzambi

Le nsafu dont nous mangeons les fruits ne nous appartient pas, il est à Dieu

Nous bénéficions des dons de Dieu.

902. Nsa gata géla bagélanga, kansi ka batolula wo ko.

On cueille les feuilles de l'oseille du village, mais on ne brise pas

Procéder avec tac et patience. ,, plus fait douceur que violence.

903. Nsa katomi yé nkila, ntoto kavundula nkunka

L'antilope nsa n'a pas belle queue, le rongeur ntoto n'a pas haute taille

On n'est pas comme on veut.,, on ne change pas la nature.

904. Nsa kukuma

L'oseille a un motif

Pas de palabres sans motifs

905. Nsaku bankwa-malu balwalazo

Le piquet pointu blesse ceux qui ont des pieds (=qui marchent)

,, qui s'y frotte s'y pique

Qui ne fait rien ne casse rien.

906. nsala mwâ, mavudi mwâ, nde : mwâna kú ngúdi-nkasi si kakwênda

Les plumes de la poule mwa (=onomatopée), le duvet qu'on arrache mwa,
tu dis : l'enfant est sur le point d'aller vers son oncle maternel

N'ébruitez pas des nouvelles non fondées.

907. Nsala zi ňkuku ntóya.

Les plumes de l'oiseau ňkūku, l'oiseau ntóya.

Ne revendiquez pas ce qui revient à autrui.

908. Nsásá inátá Ná Kiûla.

La corbeille est portée par compère Crapaud.

Entreprendre un travail au-dessus de ses forces. ,, Qui trop embrasse mal
étreint.''

909. Nsāsi kiûla ye ňsimbi kiûla, bábőle ná bá ngúdi mósi.

Le dépeceur du crapaud et celui qui tient le crapaud proviennent tous deux
de la même mère.

,,Les receleurs font les voleurs.

910. Nse máwete káziama ko, siki ngòma káziäminà ngóma ko.

Les hommes de bien restent souvent sans sépulture, les joueurs de tambour
ne sont pas enterrés avec de la musique de tambour.

Très souvent les mérites ne sont pas reconnus par les hommes. ,,Nul n'est
prophète dans son pays.''

911. Nseki gó ntunini yâu, ye ntundulú ňkútu kiléndi kiá yó ko.

Si je refuse d'aller en telle brousse, je ne puis certainement pas manger les
fruits de brousse ntúndulu.

Qui refuse le contenu refuse le contenant.

912. Ǹnsékiná bátē bátēnda mbēdi.

(Si) on a coupé l'arbre ǹsékinia (c'est qu'il porte) un signe.

Respectez le bien d'autrui.

913. Nsékú-nséku mbuka bikwānga.

(Changeant comme) les bords de l'eau où l'on rouit le manioc.

,,Tourner à tout vent.'' ,,Pierre qui roule n'amasse pas mousse.''

914. Nsèndé zikinátina.

Se blesser aux épines qu'on porte soi-même.

Qui fait la sourde oreille aux remontrances se fera du tort. Dommage rend

sage.''

915. Nsēngo lûnsu méne básikila yo.

On aiguise de bon matin la houe pour prendre les fourmis ailées.

Préparez de bonne heure votre besogne.

916. Nsi bámpati, ǹlǒngo banganga.

Au pays des possesseurs, les devins introduisent les défenses.

Chacun doit rester sur son propre domaine. Chacun son métier, les vaches

seront bien gardées.

917. Nsi inkulu, ntāmbi zimpa.

Le pays est vieux, les traces sont récentes.

Le pays reste, les coutumes changent. Autres temps, autres mœurs.''

918. Nsi kafwè, mǒngó Nkāndá ka uládi !

Que le pays ne périsse pas, que la montagne Nkânda ne disparaisse pas !

Variante : Nsi kafwè, mbǒngó kaládi !

Que le pays ne périsse pas, que les richesses ne disparaissent pas !

Maintenez les richesses traditionnelles du pays.

919. Nsi yi bámfumu ngó ka bakúńdilàngá yé ńkàndá ko.

Sur les terres voisines, on ne mange pas le léopard avec la peau.

Respectez les prescriptions légales et les coutumes du pays.

920. Nsi ńsiku yesi màmbu

Tout pays a ses lois et tout pays à ses difficultés.

La paix parfaite n'est pas de ce monde.

921. Nsi yifwa, kigala ná únkàngila nguba.

Le pays est dévasté, pour qui le lézard grille-t-il les arachides ?

Faute des Bénéficiaires le travail devient impossible.

922. `Nsìdisa, zibulá makutú, guwámāmbuị

Oiseau ǹsìdisa, ouvre les oreilles, écoute les affaires!

Faites attention à mes paroles.

923. `Nsingá mi nkalu gó ka mizíngameni ko, ka mígá ko.

Si les tiges des courges à calebasse ne se sont pas enchevêtrées, elles ne produisent pas.

Pour être féconds, les mariages doivent se conclure entre des clans différents.

924. `Nsīnsá nsibu gó uzìmbéni, ba bákiná go mazòwa.

Si la mélodie de l'instrument nsima est fausse, il n'y a que les sots qui dansent.

Les sots sont bâcleurs.

925. `Nsítu úkótá ngo ngó útūka, kiansa ! bőnga kisāla.

La forêt où un léopard est entré le léopard en est, sorti, tout est calme !la peur reste.

Un fait a été commis dans le passé, les conséquences restent.

926. Nsóki ú kúlúniänsi mbisi kánsi kwa-sēngi ntúnga

La méchanceté de la mouche kuluniansi n'est pas de manger de la viande, mais de déposer des vers

927. Nsókó lúlála, nsíngá ba.

La pousse supérieure du rameau de palmier, la fibre du palmier

Appartenir au même clan, avoir une origine commune

928. Nsōmbi kímá kina māsi-mâsi, tōndá kimá kigànànga lau di nitu

Le ver du palmier est quelque chose de très graisseux, la reconnaissance est quelque chose qui donne du bien-être au corps.

La reconnaissance rend heureux.

929. Nsőmbi zikīnga m̀fuki kákìngànga.

La mangouste m̀fuki ne fait qu'attendre le ver du palmier sans résultat.

Une attente inutile, se nourrir d'illusions. „Attendre que les alouettes tombent toutes rôties''

930. Nsombokilá tímu muna kibaka.

La puce saute et s'accroche au mur.

Dans le besoin on recourt aux siens.

931. Nsōmpi kádiä ko.

Ce n'est pas l'emprunteur qui ruine les villages

Emprunter n'est pas ruiner.

932. Nsongi kanwá malafu, mbēmba kadiá kisāmbú.

Que l'oiseau à miel boive du vin de palme, que vautour mange la noix de palme.

Que tout le monde soit le bienvenu !

933. Nsongi malãfu bwídì méné-mene, baǹkwá-nsìnsá kálúkisi.

Le tireur de vin de palme est tombé de grand matin, ceux qui viennent l'après-midi prennent garde.

On apprend par le malheur des autres. Comparez : „Le malheur des uns fait le bonheur des autres.''

934. Nsongi muna busongi bwáni, mfusi muna bumfúsi bwáni.

Le tireur de vin de palme dans son métier, le forgeron dans son métier.

Chacun vit de son métier. „ Il n'est si petit métier qui ne nourrisse ses maîtres.''

935. Nsōngo nswěka udiá Yá Máyènga.

Une maladie secrète a fait périr Mayenga.

Celui qui cache ses misères à son entourage par honte va succomber. „Faute de parler, on meurt sans confession.''

936. Nsoni diá zidiànga.

La honte, ce sont les autres qui la subissent.

La méconduite de nos proches nous déshonore.

938. Nsoni gó únkufi wú úlwàlànga, gó únda ka úlwàlà ko.

Les petites herbes ǹsóni blessent, les grandes herbes ne blessent pas.

Les enfants nous font le plus souffrir.

939. Nsoni ku kòsi, ka ku mèsó ko.

La honte dans la nuque, pas dans les yeux.

Se dit d'un homme éhonté.

940. Nsoni mu meso, ka mu màlú ko.

La honte aux yeux, pas, aux pieds

Un homme honteux baisse les yeux, mais continue son chemin.

941. Nsosá ńyáyá yiná yáku.

Tu fais une recherche inutile.

„ Chercher midi à quatorze heures''

942. Nsōso kőkó báyikilànga, ka kùlú ko.

On place la nasse avec la main et non avec le pied.

On doit bien exécuter son travail.

943. Nsudi mwāná-ńswa kutìni ko, gó tīnini i-bûna mwāna si ka ú ngéye ko.

N'évite pas l'odeur du bébé ; si tu l'évites c'est que l'enfant n'est pas à toi.

Supportez les imperfections des vôtres.

944. Nsudi ngângu, solokoto ngāngu nkátu.

L'oiselet nsúdi est intelligent, l'oiselet solokoto est inintelligent.

Les petits et les faibles peuvent être plus intelligents que les grands et les forts.

,, La valeur n'attend pas le nombre des années.''

945. Nsudi ńwa, kugawasèna.

Une haleine fétide, nous nous séparons.

On s'écarte du malfaiteur.

946. Nsuki ye nzèfo, masá mu ns̀ìlu mú ns̀ìlu.

Les cheveux et la barbe diffèrent, chacun a sa façon de verser de l'eau.

Montrez à chacun les marques de respect qui lui conviennent, selon sa situation sociale.

947. Nsuki zitùká yâmo mu kati ka zikúnzólà ko, sungula ngé mènó úyisi ménina ku nzilá.

Les cheveux qui poussent à l'intérieur ne m'aiment pas, à plus forte raison toi dont les dents poussent à l'extérieur.

948. Nsûngi mukudiá, nsûngi mukulěka.

Il y a un temps pour manger et un temps pour se reposer.

, Chaque chose en son temps.''

949. Nsúsú bágúnina kiteké.

La poule est employée pour amadouer la statuette.

Inventer un prétexte.

950. Nsusú bákidi mfwēngi, nzá gunina mazowa.

La poule a pris une fouine, allons faire croire cela aux fous !

Ne soyez pas crédules. ,,A d'autres !''

951. Nsusú bu kadiä buké-buké, bú káyúkútänga.

La poule qui mange pétit à petit est rassasiée.

,,Pétit à pétit l'oiseau fait son nid.'' ,, Les pétits ruisseaux font des grandes rivières.''

952. Nsusú gó kwêmi gāta , sá kasengomuna mbika.

Si la poule ne cesse de gratter, elle finira par déterrer de vieilles affaires.

,,Qui aime le péril y périra.'' ,, ne réveillez pas le chat qui dort.''

953. Nsusú ifwa ntamà diäki bánkáká bátèta.

De la poule qui est morte depuis longtempts, ce sont d'autres qui font
éclore l'œuf .

La poule qui caquette est celle qui a pondu l'œuf.

 Une vieille palabre laissée par les parents est tranchée par les enfants.

954. Nsusú ítä bikwāku yîna yi lősilànga diakí.

Le coupable se traduit par son comportement. „Le crime ne paie pas.''

955. Nsusú mbēfo ka ídìsúkä kú ntungíko.

La poule malade n'est pas mangée par les familiers.

On trompe les étrangers mais pas les siens. Comparez :„Un bon rénard ne
mange point les poules de son voisin.''

956. Nsusú muna mpáka ńkwá-nsúsú ándi útùkisangá yaû.

La poule du poulailler, c'est le possesseur qui la fait sortir.

Le propriétaire dispose de ses biens selon son bon vouloir.

957. Nsusu ntûngi ísongílänga nsusu nzênza nzila.

La poule qui est chez elle montre le chemin à la poule étrangère.

Le bon connaisseur guide les autres.

958. Nsusú ntwìdi, kidīmbu mfúmú gata.

De même que la poule a un éleveur, ainsi le signe distinctif du village est
le chef.

Le chef porte la responsabilité de ses sujets.

959. Nsusu tâta ibákemene ku mfwēngi, diāmbú diná gâna.

La poule de mon père est prise par la fouine, c'est qu'il y a quelque chose.

, Un malheur ne vient jamais seul.''

960. Nsiesi itwadilä ngó mu lukuni.

La gazelle mène le léopard vers le bûcher de bois.

L'intelligence l'emporte sur la force.

961. Nsiési Mápiàngu mwāná Ngwá Ndāla.

La gazelle rusée est l'enfant de mère Ndala.
Petit mais très rusé.

962. Nsiēti kiēnga ganá ibwa gâna gá ibódila.

Là où les fruits de l'arbre kiēnga tombent, c'est là qu'ils pourissent.

Là où nous demeurons, c'est là que nous voulons mourir. „Les vieux arbres
ne se transplantent pas.'' , J'y suis, j'y reste.''

963. Ntāmbu kisiwu mu ngikúlú mú ngikúlu.

Les pièges de la saison sèche sont placés de telle ou de telle manière.

Chacun a sa façon d'agir. , Chacun parle comme il l'a appris.''

964. Ntāmbu kuyámbúlá lúsìngá ko, lusingá kuyámbúlá ňtàmbú ko.

Le piège ne lâche pas le fil, le fil ne lâche pas le piège.

Le juge doit uniquement s'occuper du procès et ne pas se laisser distraire.

965. Ntāmbú mú nsi, mpinsukulú ku lôndi.

Le piège sur le sol, le levier en haut.

Duplicité.

966. Ntāngú m̀vu, bilumbú bȅtó bàntu.

Le soleil tourne le long de l'année, les journées, c'est nous autres humains.

La vie humaine est éphémère.

967. Ntāngú úséna ga tadi di 'nlélo.

Le soleil est arrivé sur une pierre lisse.

Le temps fuit.

968. Ňte-bizúmba ulêmbwa māmbu é ?

L'adultère n'a-t-il pas toujours des palabres ?

L'adultère cause des difficultés sans nombre

969. Ntetí idiá digoki, ngéyé yá mbongí úntúbídí dio.

Avant de manger le fruit de liane, c'est toi chère genette qui me l' as jeté.

Avant de régler une difficulté, il faut consulter un vieux.

970. Ntelá ngéyé úzola utìna vwāngi.

Tu veux être grand, mais tu crains un fourré.

Qui imite les adultes ne doit pas craindre les difficultés.

971. Nte mbîndi kávwä kí káfúta ko.

Le créancier n'a pas de quoi payer.

Ne pas être à même de satisfaire ses dettes.

972. Ńteté nsala.

Un panier de plumes.

Une futilité.

973. Ntetí udia nkándi, tetá kisūdi.

Avant de manger l'amande de la noix de palme, casse la coque.

Pas de récompense sans effort. „Rien sans peine.'' „il n'y a pas de roses sans épines.''

974. Ńté úzola ńwé, ńwé úzola ǹté.

Le parleur aime l'auditeur, l'auditeur aime le parleur.

Chacun aime qu'on l'écoute et qu'on lui parle : tout homme aime qu'on s'intéresse à lui.

975. Ntiēti kimvūlá-mvúlá kákódilànga, kãnsi gó mvúlá ngólo wé swàma.

L'oiselet ntiēti ne se cache pas lorsqu'il pleut légèrement, mais il va se cacher lorsqu'il y a une averse.

Certaines personnes étalent leur force devant les petits et les faibles, mais elles s'enfuient devant les puissants.

976. Ntiēti gó ukúńtãnga nsalá uséka gana kôko.

Pour compter les plumes de l'oiselet ntiēti, il faut l'avoir en main.

N'accusez personne sans preuves.

977. Ntieti-mbĭna ilúngila kimvulá.

L'oiselet ntiēti a traversé toute la saison de pluie.

Petit mais âgé.

978. Ntieti-mbīnsá minini nkāndi fiãtá kákifiêti.

L'oiselet ntiēti qui a avalé une noix de palme est à même de la digérer.

On ne commence pas un travail sans la certitude d'aboutir.

979. Ntieti-mbīnsá minini tadi, zeyé kázêye sá ditûka.

L'oiselet ntiēti qui a avalé une pierre, il sait qu'elle sortira.

Il y a toujours moyen de sortir d'une difficulté.

980. Ntieti-mbinsa nsálá zi kilêke,, ma kagóga ma kimbuta.

L'oiselet ntiēti a des jeunes plumeaux mais ce qu'il dit est d'un adulte.

„La vérité sort de la bouche des enfants.''

„La valeur n'attend pas le nombre des années.

981. Ntieti-mbīnsá zînini kolo, yu uǹyókele zòwa.

L'oiselet ntiēti qui a la patte grillée, celui qui l'a brûlée est idiot
Le sot n'est pas à craindre.

982. Ntieti-mbĭnsa umbêne nkuta nzánza.

L'oiselet ntiēti a épuisé ma provision de flèches.

Peine perdue.

983. Ntieti-mbīnsá úminá nkàndi, talá mpolo iké.

L'oiselet ntiēti a avalé une noix de palme, regardant sa petite taille.

Le jeune ne doit pas imiter les adultes.

984. Ntiēti úgúkúmúna maseki.

C'est l'oiselet ntiēti qui séduit les oiseaux seki.

Applicable au séducteur.

985. Nti tukáya mukubúka, tukayá mutĕka.

L'arbre a des feuilles qui tombent et des feuilles qui poussent.

Dans le clan il y a des gens qui meurent et qui naissent.

986. `Nti úbwìsá bàkálánkáma, vūmbula bàkálá nkáma.

Un grand fardeau doit être porté par plusieurs, un seul ne saurait le faire : toute les personnes qui ont provoqué une affaire doivent y contribuer ; on ne saurait la mettre sur le dos d'un seul.

987. `Nti úkûmba, tukáya.

L'arbre qui est magnifique, c'est par ses feuilles.
Une nombreuse descendance fait la prospérité du Chef de clan.

988. Ntó ńkoko ka iyúlúkà ko, mbūndu mūntu yuluká iyúlúkànga.

La source ne change guère, le cœur humain change sans cesse.

989. Ntōtila kákűmbilwà mú nsi ándi ko, ǹlōngi kázitilwà mú gátá diándi ko.

Le roi n'est jamais renommé dans son pays, le maître (qui enseigne) n'est jamais respecté dans son village.
"Nul n'est prophète chez soi"

990. Ntōtila muná kōngo ubédisa yu uwâni unûngisa yu úngani.

Le roi au kongo donne tort à son sujet et donne gain de cause à l'étranger.
Le juge tranche les palabres avec équité.

991. `Ntotó mfúsána mèsó údiànga.

La terre qu'on se jette l'un l'autre gâte les yeux.
Les querelles gâtent l'amitié.

992. `Ntú kú kōngo, mālú kú mpūmbu (cf. 465).

La tete (est) au kongo, les pieds (sont) à mpumbu (=Stanley-Pool).
Les provinces lointaines sont souvent laissées à leur sort.

993. Ntú mwáná yákála lukáyá lú kintóka.

La tête du garçon est comme la feuille de manioc.
La jeunesse masculine s'en va partout, mais s'expose à bien des dangers.

994. Ntú úlēka, úbaka ndosi.

La tête s'endort et rêve.
La réflexion et le calme favorisent l'inspiration.

995. Ntú ú móno kānsi ǹteté úngani.

La tête est à moi, mais le panier est d'un autre.
On ne distribue pas des cadeaux qui appartiennent à un autre.

996. Ntulú ngani ka básikilà ngóma ko, ǹwá ngani ka úsikúlwa miósó ko.

On ne tambourine pas sur le dos d'autrui, on ne siffle pas par la bouche d'autrui.

Evitez la médisance (cf. 800). Comparez : „Casser du sucre sur le dos d'autrui.

997. Nuni bu katélámanga, kakanina ǹti ; mūntu kimôya bu katélámànga, kakanina kú mfumu ye ngānga.

Quand l'oiseau s'envole, il pense à l'arbre ; quand l'homme raisonnable s'en va, il pense au chef et au devin.

Souvenez-vous de ceux envers lesquels vous restez obligés.

998. Nuni itűkànga u kúnda yi ifwànga mu dīmbu.

L'oiseau qui vient de loin est celui qui est pris au piège (à la glu)

Un étranger doit s'informer quand il est ailleurs, sinon il aura des mésaventures.

999. Nzenza nteki kadila mu nzalu, ntungi ungene vo.

Si l'hôte étranger mange avec une cuillère, c'est qu'un habitant du village la lui a donnée.

L'hôte doit accepter tout ce qu'on lui donne.

1001. Nzenza udianga unwanga, mpaka ku mfulu-ndeko.

L'hôte étranger a bien mangé et bien bu, la dispute commence sur son lit.

On se dispute le soir.

1002. Nzila ilanda nzau dime disuka.

Le chemin qu'a suivi l'éléphant n'a plus de rosée.

La décision du chef a tranché le tout ; il ne reste plus rien à arranger.

1003. Nzila iyenda bole isonga, nzila iyenda mosi itekama.

Le chemin parcouru à deux est droit, le chemin parcouru tout seul est un crochet.

Il vaut mieux voyager à deux que voyager seul.

1004. Nzila mpaka ka itoma ko.

Le chemin de la dispute n'est pas bon.

Les disputes sont répréhensibles.

1005. Nzila zi nzambi kalengilanga.

C'est selon les voies de Dieu qu'il mène sa vie.

Il vit conformément à sa conscience.

1006. Nzimbu ludia ye nsinga.

L'argent vous l'avez consommé avec le cordon (qui l'enfilait).

Je vous ai payé la somme requise : vous avez reçu absolument tout.

1007. Seya nkweno, kalunga mwasi kena.

Moque-toi du prochain, Dieu Tout-puissant est comme une porte ouverte.

Dieu qui voit tout punit les personnes qui bafouent le prochain.

1008. Seya yu ufwidi, kuseyi ko yutabela.

Moque-toi d'un mort, ne te moque pas d'un malade.

Ne raillez pas un homme qui peut encore se défendre.

1009. Si kafwa, mu diambu mbundu muntu yidila kunda.

Il va mourir, car le cœur humain va manger au loin.

L'homme ne trouve son vrai repos qu'au-delà de la tombe.

1100. Simba kisina, diambu kendi nana (cf.1103).

Prends l'origine de peur que la palabre ne t'échappe.

Remontez la cause de la dispute. „Revenir à ses moutons.''

1011. Sinsila masa usaukanga, kansi vumina masa kasauka ko.

Celui qui essaye l'eau la traverse, mais celui qui la redoute ne la traverse pas.

„La crainte est mauvaise conseillère.'' „Qui ne risque rien n'a rien.''

1012. Taba di nsoti, dio di kayobidila, dio di kayuminina.

Avec cette loque la grenouille se baigne, avec cette même loque elle se laisse sécher.

Vivre dans la pauvreté.

1013. Taba di nzitu bu usimba di oye nsoni, bu usisa di oye nsoni.

Il ne sied pas de toucher le pagne de sa belle mère et il ne sied pas de le ramasser.

Toute approche de la belle-mère est répréhensible.

1014. Tadi difwa, getila ku ambu. Go nkele fwa, lekila ku nlambu.

On jette une pierre usée; on met un fusil usé à l'écart.

Se défaire de ce qui est usé.

1015. Ta makieleka, luvunu nkadi-mpemba.

Dis la vérité, le mensonge vient du démon.

„Le menteur ne va pas loin.

1016. Tala ntambu aku, kutadi ntambu ngani ko.

Regarde tes propres pièges, ne regarde pas les pièges d'un autre.

Ne vous ingérez pas dans les affaires d'autrui. „Chacun son métier, les vaches seront bien gardées.''

1017. Tata didi ndungu, nwa kasosele tobo.

Père a mangé du poivre, sa bouche a cherché le picotement.

Les imprudences se paient. „En jouant avec le feu en se brûle.'' „Qui aime le péril y périra.''

1018. Tata umenga ngudi yé beto bana.

Père haï la maman et nous les enfants.

Quand on n'aime pas quelqu'un, on n'aime pas non plus ce qui l'intéresse.

1019. Unsolukila mbumba, kunswekila, mbumba ko.

Découvre-moi le secret, ne cache pas le secret.

Racontez-moi vos peines cachées.

1020. Uyéndila kwani nkèmbo d bisâla.

Il est entraîné par l'éclat des pagnes à franges.

Être entraîné par sa vanité.

1021. Vita ntu ka mabundu ko.

Le chef de guerre n'est pas la foule.

Le chef responsable est seul qui commande.

1022. wa katoma wa kwani, kansi, makutu mpuku.

Il a bien entendu, mais il fait la sourde oreille (cf.220).

„ Il n'est pire sourd que celui qui ne veut pas entendre."

1023.wélenge, ulubuka, yu ufonganga, zowa di gata.

Pars en voyage, fais attention, celui qui reste assis est le fou du village.

On apprend en voyageant. Les voyages forment la jeunesse. "

1024. wenda ku kumona, kwendi ku kuwa ko.

Mets- toi en marche pour regarder, ne va pas pour écouter.

Ouvrez vos yeux.

1025.wêti, wêti ! gata digondanga !

Ecoutez, Ecoutez ! Le village est ruiné.

Les disputes ruinent le village.

1026. Wûnu kiêse, mbasi mpasi ; wûnu mpasi, mbasi kiésé-kiésé.

Aujourd'hui le bonheur, demain le bonheur ; aujourd'hui le malheur, demain grand bonheur.

1027. yaba uyaba, dia zànga ka dia ka diyumi.

Tu fais qu'écoper, l'étang ne se vide pas.

Avoir des palabres sans fin.

1028. Yâ di mwifi ka diyimba ko, mfula bikându.

On vole sur le champ d'un voleur, il est rempli de tabous.

Le voleur protège ses biens avec ruse.

1029. Yâ mbômbo udilanga, kingunda ki ya dîsu ; ya disu udilanga, kingunda ki ya mbombo.

Frère nez pleure, frère œil est ennuyé ; frère œil pleure, frère nez est ennuyé.

Si un membre du clan souffre, tous les autres souffrent avec lui.

1030. Ya nkâka bantumini ngasi, wé sokuna nsendi.

Frère écureuil nkaka, on lui a commandé de rapporter des noix de palme, et il est allé   arracher les épines qui les entourent.

Embrouiller l'affaire, faire autre chose que ce qu'on a demandé.

1031. Yâya sala kasala, ngé sanga kiaku.

Ton frère aîné trime, tu fais de même.

Ne vivez pas aux crochets de vos familiers.

1032.Yezibula meso, yimona matebo.

Je vais ouvrir les yeux pour voir les revenants.

Se faire initier.

1033. Yé mbongo yé nwa kusé kifulu kimosi ko ; nwa ku nzila, mbongo ku nzo.

Ne mets pas l'argent et la bouche à la même place ; la bouche au dehors, l'argent au-dedans.

1034. Yé zengi ye zowa balêle nzo mosi.

Le niais et le fou passent la nuit dans la même maison.

Les receleurs font les voleurs. "

1035. Yebonga ntaku nzamo ga gadila mvwama.

Je vais prendre mon argent là où le riche mange.
Aller chercher les richesses là où elles sont.

1036. Yingilà magoki, ka masuka ku bankewa ; yingila mpi bankewa, ka bafwé nzàla ko.

Veille sur les fruits de liane, pour que les singes ne les mangent pas ; veille sur les singes, pour qu'ils ne meurent pas de faim.

Veille à ce que vos enfants ne vous ruinent pas, mais donnez-leur le nécessaire.

1037. yu bakidi mpingi, nwà kàniéma ; e yu kabàkidi ko ; ngà bwé sà kàsà. ?

Celui qui a attrapé une souris serre les lèvres, et celui qui n'a rien pris, que   fera-t-il ?

Ne dédaignez pas votre compagnon.

1038. Yu kuluniansi : usanga mbisi ntunga.

Toi mouche kuluniansi, tu mets toujours les vers dans la viande.

Tu es un trouble- fête.

1039.Yukukà kunima sinda, tutà mpuku ndé : yambula bwifi tukàlà bôle.

Va derrière la touffe d'herbes pour que nous tuions le rat : laisse le vol et nous sommes deux.

La tromperie sépare les amis. „ les bons comptes font les bons amis".

1040. Zuba yu telema telema , yu fôngele ka yandi ko.

Frappez celui qui est debout, non pas celui qui est assis.

Punissez le coupable, épargnez celui qui se range.

1041.Yu ubakukanga ; yu utékulanga ; yu ubelanga, yu ufwanga, yu umatanga, yu ubwanga.

Celui qui est pris et celui qui a vendu, celui qui est malade est celui qui meurt, celui qui monte est celui qui tombe.

„ qui aime le péril y périra.

1042.Zala di mbemba nkuninkuni.

Le nid du vautour est fait de petites branches.

Le pauvre n'est pas à même de beaucoup donner. Comparer : ,, la plus belle fille du monde ne peut donner que ce qu'elle a . ''

1043. Zandu di ntuma, mbisi nkayi.

On t'a envoyé au marché et tu reviens avec de la viande de l'antilope nkayi qui est prohibée.

Etre incapable d'exécuter un ordre.

1044. Zandu ukitela, muana ukibutila

Va toi-même au marché, engendre toi-même un enfant.

Le travail qu'on fait soi-même est mieux fait que celui exécuté par d'autres. On n'est jamais mieux servi que par soi-même.

1045. Zanga go si yantika mukukia, bakulu ye bankwa-wasi ga si bayobidila.

Lorsque l'étang commence à s'éclaircir, tout le monde et même les lépreux viennent s'y baigner.

1046. Zemba diyidi masika, kàngula mwîni dikêngi.

Le village zemba est brûlé la nuit, on résout l'affaire pendant la journée.

Les palabres sont réglées pendant la journée.

1047. Zaya diambu ku utuka, kuzeye diambu ku ukwenda ko.

Tu sais ce qui se passe dans ta région de provenance, tu ignores ce qui se passe dans la région où tu vas.

Prenez vos précautions en voyageant dans une contrée étrangère.

1048. Zimu ubakanga, lulendo kabaka ko.

Le clan attire, l'orgueil n'attire pas.   ,, Plus fait douceur que violence.''

1049. Zi nkula ka zikuyoba ko, kansi zikutala.

La poudre nkula ne sert pas uniquement à se farder, mais à attirer les regards.Les autres attirent les regards, mais nous sommes laissés de côté.

BIBLIOGRAPHIE

OUVRAGE CONSULTES

1. **BUTAYE,R. ,** : Bingana binsi (proverbes du pays) bergeyck St Ignace, Kisantu, 1903
2. **BUTAYE, R, :** De la mentalité des bakongo, in mission Belges de la compagnie de Jésus, 1908, P155-160,187-190, 210-219
3. **DENIS, L,** : Proverbes bakongo expliqués par eux-mêmes, in Congo, 16,1935 ; P3133-329 17, 1936, P 351-368
4. **MASUKA, A,** Proverbes Bakongo, in Aequatoria, 9,1946, P 1-6 (nombre 50 ; explication Kikongo et traduction française)
5. **MIASUEKAMA, L'e**xamen de la valeur projective des proverbes Kikongo Mémoire Licence. Sc Pédagogie ; Kinshasa, université Lovanium, 1966
6. **VAN ROY, H** ; Bingana bisisa bambuta (texte polycopié), Lemfu-Louvain, 1956, 1960, 432 P (Traduction et explication néerlandaises)
7. **VAN ROY.** : Hubert, proverbes Kongo, musée royal (Tervuren, Belgique) n°48, 1963
8. **WANNI JN, RL.** Proverbes, maximes et sentences juridiques des Bakongo in Artes Africanae, 1936, 20 P
9. **BAZIOTA, A. F.,** Analogie et symbolisme du proverbe, in pour servir, 1er ann, 6 1957, P13-15
10. **DE SOUS BER GHE, L,** : Le mariage chez les Bakongo d'après leurs proverbes, in paideuma, XIII, 1967, P190-197
11. **RYCKMANS, A,** Proverbes des Bakongo, in Ngonge Kongo, 7 Juin 1961, P.25 ; 8 Août, 1961, P21
12. **RYCKMANS.,** : Quelques proverbes récoltés dans le territoire de Madimba, in Ngonge Kongo, 6, avril, 1961.
13. **RYCKMANS** : André et MWELANZAMBI BAKWA, C, Droit coutumier africain. Proverbes judiciaires Kongo (Zaire), ed. Aéquatoria-LHarmattan, Paris et Mbandaka, 1992.

L'auteur

Monsieur **NSEKA - MAKINU–NTIMA-ZOBA-BUNDU KAWILA MFUMU ANIKO« KUELUKALA KIKUANGA BA GUNA NLELE, BA KONGO LUDILA MUNGANGU,KUMFINDA NTAMBI ZI NGO ZINA KOKO, KANI KUYIDIDI KIA KU KIA. SALA BI SALA, OINT DE DIEU HOMME MIS**

Comme auteur, le notable *NSEKA MAKINU* à son actif trois ouvrages notamment l'indomptable Simon Kimbangu et ses origines ; Kasa-Vubu, Père de la nation congolaise ainsi que les vertus d'un peuple. A présent, il publie un recueil de proverbe, tel un nouveau fruit de ses recherches, cueilli à l'arbre de la littérature orale.

A travers ce livre, l'auteur vient d'interpeller les jeunes surtout ceux habitant les villes et qui présent et soutiennent que le langage proverbial est ennuyeux et démodé ; il est propre aux veilles personnes. Ces jeunes aliénés refusent même de parler leur langue maternelle.